# 道无道 花非花

上卷 我读《老子》

黄国荣 著

重庆出版集团 重庆出版社

治大國若烹小鮮。以道莅天下，其鬼不神；非其鬼不神，其神不傷人；非其神不傷人，聖人亦不傷人。夫兩不相傷，故德交歸焉。

江游處人

上善若水，水善利万物而不争，处众人之所恶，故几於道。

安当海心

對月入靜

夜虛極守靜篤萬物並作吾以觀復

甲午之秋朔月安雷海泓

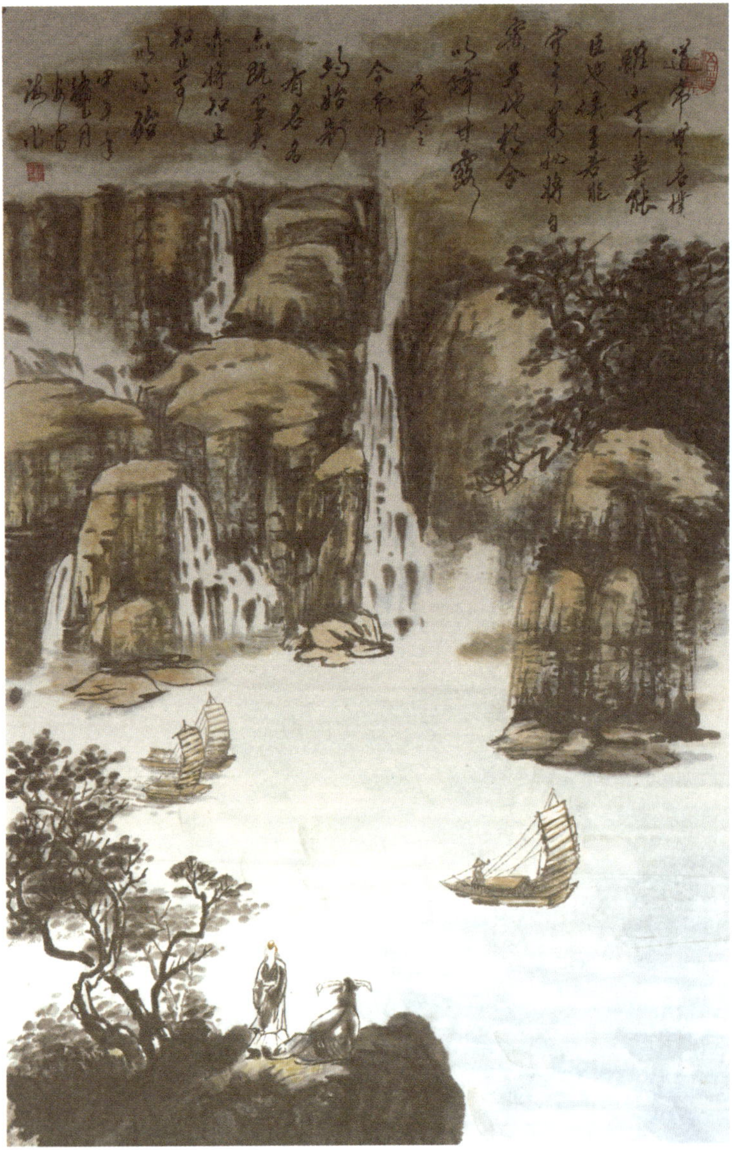

希言自然，故飄風不終朝，
驟雨不終日，孰為此者，天地尚
不能久，而況人乎。
甲戌之秋寫於富海川

返者道之動
弱者道之用
天下萬物生於有
有生於無

# 目 录

001　序　万物兴歇皆自然（王立群）

001　第一章　修心益寿
　　　少私寡欲，守弱居下；
　　　淡泊名利，平淡人生。

009　第二章　众妙之门
　　　道可道，非常道；名可名，非常名。
　　　无，名天地之始；有，名万物之母。

017　第三章　有无相生
　　　有无相生，难易相成；
　　　长短相形，高下相倾。

023　第四章　不尚贤，不贵货
　　　心地单纯，虚怀若谷；
　　　无邪无贪，返璞归真。

029　第五章　天地不仁
　　　知足知不足，
　　　有为有不为。

035　**第六章　天长地久**
后其身而身先,
外其身而身存。

041　**第七章　上善若水**
善利万物而不争,
夫唯不争故无尤。

047　**第八章　顺其自然**
日中则移,月满则亏。
进退盈缩,与时变化。

055　**第九章　物极必反**
爵位不宜太盛,太盛则危;
能事不宜尽毕,尽毕则衰;
行谊不宜过高,过高则谤兴而毁来。

061　**第十章　无为而治**
同于道者,道亦乐得之;
同于德者,德亦乐得之;
同于失者,失亦乐得之。

069　**第十一章　大智若愚**
真廉无廉名,立名者正所以为贪;
大巧无巧术,用术者乃所以为拙。

077　**第十二章　委曲求全**
处世让一步为高,退步即进步的张本;
待人宽一分是福,利人实利己的根基。

**083　第十三章　无中生有**
　　有物先天地，无形本寂寥；
　　能为万象主，不逐四时凋。

**089　第十四章　不以兵强天下**
　　士卒涂草莽，将军空尔为。
　　乃知兵者是凶器，圣人不得已而用之。

**095　第十五章　柔弱胜刚强**
　　舌存常见齿亡，刚强终不胜柔弱；
　　户朽未闻枢蠹，偏执岂能及圆融。

**101　第十六章　死而不亡**
　　知足不辱，
　　知止不殆，
　　可以长久。

**107　第十七章　不言之教**
　　圣人处无为之事，
　　行不言之教。

**113　第十八章　上德不德**
　　舍己毋处其疑，处其疑即所舍之志多愧矣；
　　施人毋责其报，责其报并所施之心俱非矣。

**121　第十九章　以德治国**
　　身不修不可以齐其家，
　　家不齐不可以治其国。

## 127　第二十章　光而不燿
方而不割，廉而不刿，
直而不肆，光而不燿。

## 133　第二十一章　大国者下流
山不厌高，海不厌深；
周公吐哺，天下归心。

## 139　第二十二章　为之于未有
合抱之木，生于毫末；
九层之台，起于累土；
千里之行，始于足下。

## 145　第二十三章　不为天下先
我有三宝，持而保之：
一曰慈，二曰俭，
三曰不敢为天下先。

## 151　第二十四章　祸莫大于轻敌
失败的原因是轻敌，
轻敌的原因是逞强。

## 157　第二十五章　自知其无知
知人者智，
自知者明。

## 165　第二十六章　民之轻死
水能载舟，
亦能覆舟。

169 第二十七章　坚硬如水
　　水唯能下方成海，
　　山不矜高自及天。

175 第二十八章　为而不争
　　天之道利而不害，
　　圣人之道为而不争。

181 第二十九章　返朴归真
　　唯大英雄能本色，
　　是真名士自风流。

188 跋：颠覆惯性的模式化思维

# 序  万物兴歇皆自然

我与国荣先生是二零零八年九月一起去台湾相识。两岸在台北举行第四届海峡两岸图书交易会，他的长篇小说《乡谣》、《兵谣》更名《日子》、《突围》在台湾出版，大会邀请我们去搞签售活动，同时担任第二届海峡两岸大学生读书演讲比赛评委。

国荣先生是小说家，也是出版行业的专家，没想到他还研究老子，而且那么专注执着严谨。依他所说，"孔夫子有句名言'古之学者为己，今之学者为人'。我研读老子，倒确是为己。是想把小说写得好一些"。为此，他前后持续七八年时间，研读了多个版本，这种治学态度，在浮躁的今天难能可贵。

儒、道、佛三学构成了中国文化的历史，也铸就了中华民族的灵魂。南怀谨先生曾经给儒学、道学、佛学作过一种比喻，他说儒学是粮食店，道学是药店，佛学是百货店。细想起来，这种说法不无道理。

儒学即孔孟的思想，其经典著作是《论语》。儒学可说是中华民族的本土文化，不只因为汉武帝接纳董仲舒"罢黜百家，独尊儒术"的建议，儒家思想才成为中国社会意识形态的主导思想，儒学思想影响中国历史已达两千余年，至今仍是当代人思想意识的根基，更是因为"修身、齐家、治国、平天下"的思想与理论具备入世精神。它既是官员当权者修身养性、励精图治、建功立业、践行抱负的经典教义，它又是普通百姓修身齐家、为人处世、创家立业、规范行为的人生宝典。儒学不只对中华文明做出了杰出贡献，而且对世界文明也产生了重要影响，在今天依然有启示意义。所以孔孟思想像粮食一样成为人生的必需品，今天建设社会文明同样离不开儒学。

道学即老庄的思想，其经典著作是《道德经》。道学可说是中国的古典哲学，它创立了"天道观"，也可以说是"宇宙观"，提出了"有与无"、"难与易"、"长与短"、"高与下"、"音与声"、"前与后"、"强与弱"、"宠与辱"、"虚与实"、"黑与白"、"刚与柔"、"贵与贱"、"开与阖"、"奇与正"等等对立统一的辩证关系，是朴素的辩证法。《道德经》不是一部讲伦理道德的伦理学著作，而是一部空前的哲学著作。道学是对社会，对人的问题发言，是为社会，为人解决问题，引导人们进入高度抽象思维，告诉人们宇宙与万物发展变化的总道理。所以把它比作药店有一定的道理。人的成长成熟与社会的发展都离不开道学。

佛学即释迦牟尼的思想，他是印度人，他创立了佛教，唐代的玄奘到印度取经把佛经带回中国，成为了与儒学与道家并驾齐驱的三学。佛经包罗万象，玄机四伏，应有尽有，像百货店，每个人都可以在里面寻找到自己所企望的东西。

老子、孔子、释迦牟尼是同时代人，有关资料记载，老子比孔子大10-20岁，孔子比释迦牟尼大10岁。这说明中国的春秋时期是全人类发现自我，进入高度的抽象思维，走向高度文明的时期，同时代西方国家也出现了苏格拉底、柏拉图、亚里士多德等思想家。

国荣先生的这部著作是专门研究老子的，全书分上下两卷，上卷是阅读心得，下卷是注解原著。老子的资料甚少，除了《史记》中不足六百字的介绍外，就只五千多字的《道德经》。读了他的29篇心得，虽然老子的文化立场在出世与入世之间，但国荣先生的心得却是入世的。他不是按部就班依照原著次序，从理论到理论进行演绎，而是在熟读全书融会贯通的基础上，提炼出代表老子思想的29个观点，结合现实社会的诟病进行剖析，阐发自己的立场。通观这29篇心得，尽管涉及到哲学、天文、政治、经济、军事、生活、科技等诸多领域，所阐发的理论也关乎到宇宙观、人生观、价值观等许多方面，但一个基本立场和出发点贯穿其中，那就是尊重自然，顺其自然。无论治国，还是军事；无论为人，还是处事；无论对待生命，还是对待人生，一切都以自然为本。这不由让我想起诗圣李白的诗句："草不谢荣于春风，木不怨落于秋天，谁挥鞭驱策四运，万物兴歇皆自然。"(《日出入行》) 遵循自然，尊重规律，可以说是老子立道的基本出发点，国荣先生的著述也坚持了这一基本立场。全书文字质朴自然，说理深入浅出，既有老子的基本思想，又有对现实问题的揭示批判，读来备感亲切，给人以启迪。

解读经典，历来存在"经注我，还是我注经"的问题。这部著作，既有经注我，也有我注经。下卷是作者注释老子。值得赞赏的是，原著《道德经》八十一章没有章名，作者为便于读者阅读，在理解原著各章精神的基础上，给各章起了章名，仔细琢磨，这些章名对理解原著的内容起到了画龙点睛的作用。所注释的文字，无论是对原意的诠释，还是文字的表述，都能让人感受到作者治学的严谨。

在信息时代的今天，人们在多媒体、快节奏的环境中生活，要大众都去研读国学经典，难以做到，像这部作品这样经研究者苦心研读后，将其心得与成果成书出版，不失为推动大众阅读经典的一项积极而有效的举措，值得称道。我们有理由相信，大众很需要也一定会喜爱这样的著作。

以此为序。

王立群

2014年7月25日

（王立群，河南大学文学院教授、中国古典文献学博士生导师、中国《史记》研究会常务理事，《百家讲坛》主讲《史记》）

# 第一章 修心益寿

少私寡欲,守弱居下;
淡泊名利,平淡人生。

要是有人劝你别刚强，要柔弱；别聪明智慧，要愚蠢驽笨，你一定会认为这个人神经出了问题。一般人的思维和观念是这么个逻辑，但一般人理解不了大智慧先知的高远境界。老子就是这么一位要人别刚强、要柔弱；别聪明智慧，要愚蠢驽笨的大智慧先知。

别说一般人理解不了老子，连孔子这样的圣人对老子也毕恭毕敬，心悦诚服地洗耳恭听他对他的批评。《史记》中载："孔子适周，将问礼于老子。老子曰：'……吾闻之，良贾深藏若虚，君子盛德、容貌若愚。去子之骄气与多欲，态色与淫志，是皆无益于子之身。吾所以告子，若是而已。'"

孔子是历代至今被敬奉为比老子更负盛名的圣人。他跑到周都洛阳，向老子讨教礼的学问，老子告诉他：我听说，会做生意的精明商人，总把财货深藏着，看起来好像空无所有；品德高尚的君子，他的外表谦虚得像个愚蠢迟钝的人。丢掉你骄傲之气和过多的欲望，还有做作的情态神色和不切实际的志向，这些对于你自身都是没益处的。我能告诉你的，就这些而已。老子就是这么个超凡脱俗之人，他对孔子也是如此毫不忌讳，开诚相见，坦诚道出自己的不同主张，不加掩饰地直言指出孔子的不足和缺点，对其他人便更可想而知了。

孔子毕竟是圣人，他并没有因老子的耿直坦言而难堪，更没有因受指责而小肚鸡肠。回去后，他对自己的弟子说："鸟，吾知其能飞；鱼，吾知其能游；兽，吾知其能走。……至于龙，吾不能知，其乘风云而上天。吾今日见老子，其犹龙邪！"

这是同处春秋晚期的孔子对老子的评价，他称老子是龙，他不是飞，不是游，不是行走，而是乘风云而上天。从他的评价可以想见老子其人，也可知老子在当时的影响。

老子姓李，名耳，字聃（dān）。春秋时期楚国苦县厉乡曲仁里人。他曾经在周王朝做守藏室的史官，相当于今天的国家图书馆馆长。他在周室待了很久，见周王朝日渐衰落，于是弃官离开朝廷，隐居世间，从此没有人知道他的下落。

令人惊异的并非老子弃官隐居，而是老子的长寿。《史记》上载，老子活了一百六十余岁。也有人说他活了两百多岁。还记载，孔子死后一百二十九年，周政府一个名叫儋（dān）的太史出关见秦献公，传说这个太史儋就是老子，也有人说不是。太史公司马迁只是如实地记录下他之前历史的传说，没定结论。从老子识透尘世，弃官做隐士这个角度看，太史儋不大可能是老子。且不论这些，老子活一百六十多岁是《史记》的记录。

孔子说："三十而立，四十而不惑，五十而知天命，六十而耳顺，七十而从心所欲，不逾矩。"（《论语·为政》）人过七十古来稀，《史记》记载孔子活了七十三岁，所以他达到了"从心所欲不逾矩"的境界，但孔子也只能有这个时段的经验认知，他只活到七十三岁，八九十岁的人生经验，他没有去推测。老子活了两个多"古来稀"，可见他真非凡人。

人生不易，自出生那一天起，就面临着死亡的威胁。人都想长寿，是因为人生难得一回，再则人世间太美好。假若人生能随意而得，假若人世间丑恶得暗无天日，生死也就无所谓了。人都珍惜生命，没有活到应有的寿数而死视为不幸，故年少而死，称夭折；中年而亡，叫短寿。人想长寿，一般人也只是想想而已，不可能像秦始皇那样逼别人去为他炼仙丹，满天下去找长生不老药。其实权大权小，高贵卑下，富贵贫贱一个样，权力再大能驱策天下人也没用，世上没有长生不老的灵丹妙药。谁都是"死生有命，富贵在天"（《论语·颜渊》）。

老子之所以能活孔子两倍多的岁数，并非他吃了什么仙丹和长生不老药，我以为他的长寿秘诀在于他的心态，在于他的人生修炼，远离死亡的危险。老子在第五十章里说："出生入死。生之徒十有三；死之徒十有三；人之生，动之于死地，亦十有三。夫何故？以其生之厚。盖闻善摄生者，陆行不遇兕（si）虎，入军不被甲兵；兕无所投其角，虎无所用其爪，兵无所容其刃。夫何故？以其无死地。"他说，出世叫生，入地叫死。人出生后能长寿的，有十分之三；短命夭折的，有十分之三；本来活得好好的，往往自己撞入死路的，也有十分之三。这是什么原因呢？是因为为了求生而太过于重视养生了。曾听说，善于保养生命的人，在山里行走，不会遇到犀牛和老虎的侵袭；入军队打仗不会遭到兵器的杀伤。犀牛虽凶，对他却没有办法用它的角；老虎虽猛，对他却没办法用它的爪；兵器虽锋利，对他却没办法用它的刃。这是什么缘故呢？因为善养生的人根本就不进入这些死亡之地。

那么善于养护生命的人，用的是什么妙法秘诀？要说妙法秘诀，我以为有三条：

其一，"少私寡欲。""名与身孰亲？身与货孰多？得与亡孰病？"（第四十四章）名利和生命哪个更亲切？钱财和生命哪个更重要？得名声钱财和失去生命，哪个更有害？这些人生的要害问题，老子悟得清清楚楚。他一贯坚持"知足不辱，知止不殆，可以长久"（第四十四章）。只有知足，才不会受到污损；只有适可而止，才可以避免遇到危险；如此身体才可久安，生命才可以长存。他告诫人们"金玉满堂，莫之能守；富贵而骄，自遗其咎"（第九章）。财富再多，你不可能永久守住；富贵而骄横炫耀，必自遭祸患。他还警告人们"五色令人目盲，五音令人耳聋，五味令人口爽，驰骋畋猎，令人心发狂；难得之货，令人行妨"。"是以圣人为腹不为目"（第十二章）连圣人都只求吃饱肚皮，不为光彩面子的荣誉。老子如此言，也如此行。他满腹经纶，却坚持"不言而教"，要不是守关的官员求他勉强为大家写一本书，连这五千字的《道德经》都没有。他既不想立言立名，也不想立仕立业，最后弃官而去，隐居人间，可谓潇洒人生。

其二，抱朴归真。老子认为人最纯粹最可爱是婴孩阶段，他没有知识，没有欲望，所以也没有烦恼。人世间的一切不幸和灾祸都是知识引起的。知识让人产生欲望，知识越多，欲望越大，欲望到了熏心的地步，利令智昏，人就会追名逐利，相互争斗，相互倾轧，社会就陷入混乱和灾患。他提出"专气致柔，能婴儿乎!"(第十章)"常德不离,复归于婴儿"(第二十八章)。"合德之厚,比于赤子"(第五十五章)。这些观点贯穿《道德经》的字里行间,他希望人们返璞归真,像婴孩一样纯朴可爱,无为、无我、无欲。

其三,守弱居下。老子的睿智表现在他的世事洞悉和人情练达。一般人只看到事物的表面,老子会看到事物的内在;一般人重视事物的正面,老子更注重事物的反面;一般人喜爱事物的阳面,老子却特别赞赏事物的阴面。这也许是老子的立身之道,第二十章表明了他的立场。他说:"知其雄,守其雌,为天下谿。为天下谿,常德不离,复归于婴儿。知其白,守其黑,为天下式。为天下式,常德不忒,复归于无极。知其荣,守其辱,为天下谷。为天下谷,常德乃足,复归于朴。"

他说,深知雄性的刚强,却宁愿处于雌性的柔弱地位,甘愿做天下的沟壑。能够做天下的沟壑,恒久的德就不会离开,回复到单纯的自然状态,如同婴儿一样纯朴。深知白昼的光明灿烂,却宁愿处于黑夜阴暗的地位,甘愿做天下的工具。能够做天下的工具,与恒久的德就不会有偏差,就可以回复到无穷无尽的境界。深知荣宠显耀,而宁愿处卑下的位置,甘愿做天下的溪谷。能够做天下的溪谷,恒久的德就充盈,回复到质朴的状态。

老子守弱居下的主张,并不是消极避世,而是超越了一般意义上的积极。他认为甘守柔弱,就能不争;表现愚笨,就能弃华取实;谦下不争,就能无私无我;弃华取实,就能返璞归真。因此，他的正言若反、进道若退，恰恰是他思想深邃、境界高远的表现。

两千多年过去了，老子的这些思想在今天却似乎更难得。两千几百年之前的物质生活水平跟如今无法相比，那时候人们尚且需要少私寡欲、抱朴归真、守弱居下，淡泊名利，平淡人生，在当今物欲横流的现代化生活中，不是更需要吗？私欲是损害身体的毒瘤，追名逐利，欲壑难填；处心积虑，寝食难安；不择手段，妄想枉命。

我父亲活了九十八岁，我给他总结，他长寿的秘诀是：心胸开阔，与世无求，与人无争；宁可朋友负他，他决不负朋友。他没读过《老子》，但有这心性，为此，我曾写了《父亲的生命力》。

诸位若想要一副强健的身体，保持一个不衰的生命，不妨读读《老子》。

# 第二章 众妙之门

道可道,非常道;名可名,非常名。
无,名天地之始;有,名万物之母。

提起老子，可能谁都会脱口而出："道可道，非常道；名可名，非常名。"（《道德经》第一章）这不只是因为它是老子《道德经》的开篇首句，流传广的更主要原因还是这句话的内涵，它是老子道学的立论之言。开篇就直奔主题：道是什么？

从词面看，古汉语跟英语的句式有某些相似，宾语常常前置，通俗说法叫倒装句。这句话的第一个"道"，是名词，是宾语，指宇宙的本源；第二个"道"是名动词，名词活用作动词，是说、描述、解释之意；"常"是恒久。第二句第一个"名"，是名词，指"道"的形态真相，第二个"名"是名动词，命名、给它称谓之意。这句话文字所表达的含义是：假如道可以用语言解释出来的话，解释出来的那个"道"，就不是客观存在的那个恒久的宇宙本源的"道"。同样的道理，一个客观存在的事物，或许可以用一个名称来给它命名，但要给宇宙产生万物的本源之规律的真相起一个名称，是做不到的，即使给了它名，也不可能与那个恒久的宇宙本源的真相形态相称。

这句话揭示了两个问题。

一是语言文字的局限性。就汉语文字而言，尽管语言文字表达的丰富性可达到无所不及的程度，可以把一件事、一个事物说得活灵活现，但我们常用的文字也就5000个左右，一般人能掌握并应用自如的文字也就3000多个。描述一个事物的外在形态（形状、色彩、外质、特征），或一件事的外在过程（起因、经过、结果）或许容易。但要说明一个事物的内在运动规律、千变万化的现象内涵、一种状态的真实形态就不那么容易。自然界的许多现象真相，往往只能靠心灵去感受，去意会，而无法直接用语言文字准确表达。尤其是想描述、解释没有物体、没有形状的天地开始之初，宇宙创生万物的本源之真相形态，语言文字的确难以如愿。

二是客观事物的复杂性。事物是不依人类的意志为转移或改变的客观存在，自然界对于人有限的生命和有限的认知能力，事物永远具有不可知性。宇宙从星系形成开始已有140亿年，地球也有了46亿年生命，而人类从类人猿开始计算，至今也不过100万年历史，在人类产生之前宇宙就在无限时间、无限空间中客观存在，人类如何能完全认识它呢？

就拿人类的生命之源——水来说，人们应该是最熟悉不过了，可对一个先天失明从没有看过自然世界一眼的人来说，如果靠别人用语言来告诉他水是什么，肯定要闹出大笑话。你跟他说水是液体，手触碰它有湿的感觉。可液体和有湿的感觉不只水，他可能因此把汽油、柴油、煤油、食油、酒精、奶等等有湿的感觉的液体都当作水。更何况水的形态也不是固定不变的，水在零摄氏度之下，液体就变成固体，结成冰块；到100摄氏度，水就由液体变成气体蒸发。这又如何让他理解？假如再解释说，水是柔软的、平静的、光滑的，他可能把绸缎也当作水，何况水并不只是柔软、平静、光滑。水又是坚硬的，滴水能穿石；水能腐蚀木材，以至钢铁；水也能发怒，洪水可以冲垮巨大的堤坝，可以卷走村庄，推倒参天大树。说水无色透明，他可能把硫酸也当作水，因为硫酸也无色透明。说水往低处流，可在压力之下，水也能往高处流，往高处喷。水的形态、性质变化太复杂了，用语言是无法传达全面、准确的。

水尚且如此，何况道呢！

那么道究竟是什么？

老子在《道德经》第一章作了精辟的阐述："无，名天地之始；有，名万物之母。故常无，欲以观其妙；常有，欲以观其徼（jiǎo）。此两者同出而异名。同谓之玄，玄之又玄，众妙之门。"

老子是说，"无"，可以形容天地原始之初的形态真相；"有"，是万物的原始状态的概括。所以常常以天地的本源"无"，观察探究"道"的精致奥妙；常常以万物的原始形态真相"有"，观察探究"道"的作用的无边无际。"无"是"道"的本体，"有"是"道"的作用，这两者同出于道，是"道"的两个方面，只是名称不同而已。无论"无"还是"有"，都没有具体的形态，但却创生出了天地万物，真是奥妙到极点，是自然界奥妙的总出处。

**"无"和"有"是老子宇宙学说的基本观点，之后他所阐发的所有理论和辩证思维，都是从这一基本观点引申出来的。**

在这里，"无"和"有"不是相对概念的"无"和"有"，这里的"无"和"有"都是真相状态。那么这种无状态的真相状态究竟是一种什么样的状态呢？老子在第十四章里作了回应，他说："视而不见名曰夷，听而不闻名曰希，抟（tuán）之不得名曰微。此三者不可致诘，故混而为一。其上不皦（jiǎo），其下不昧，绳绳不可名，复归于无物。是谓无状之状，无物之象，是谓恍惚。迎之不见其首，随之不见其后。执古之道，以御今之有。能知古始，是谓道纪。"老子说，拿眼看看不见，这叫夷；用耳听听不到，这叫希；抬手摸摸不得，这叫微。道无色、无声、无形，所以无法企及穷究，但它是混沌一体的。它的上面既不明，下面也不昏暗，它绵绵不绝地存在，无法命名。归结到最后它为无物无形无色无声。它是无形状之形状，没有物象的物象，是一种恍恍惚惚的状态。想迎它，看不见它的头；想尾随，又看不见它的尾。能够把握这亘古就存在的道，就可以把握现在的一切事物。能够知道道原始的情形，也就知道了道的内在规律了。

老子在第三十五章中又说："乐与饵，过客止。道之出口，淡乎其无味，视之不足见，听之不足闻，用之不足既。"他说悦耳的音乐和可口的美食，会引得过路的人止步；但是道若是用语言说出来，却是淡而无味。它没有形体，看也看不到；它没有声音，听也听不见；可是它却取之不竭，用之不尽。

老子在第二十一章里进一步解释道的内涵。他说："道之为物，惟恍惟惚。惚兮恍兮，其中有象；恍兮惚兮，其中有物。窈兮冥兮，其中有精；其精甚真，其中有信。自今及古，其名不去，以阅众甫。吾何以知众甫之状哉？以此。"老子说，道这个东西，说它是无又似乎有，说它是实又似乎虚，它是恍恍惚惚的。可在恍惚之中，它又具备了宇宙的形象；恍惚之中，它又包含了万物；它是那么深远而昏暗，可深远昏暗之中却具有一切物质的原理和原质；这原理和原质是真实的，其中有非常可信的真实的东西。从古到今，道一直存在，一直在创生万物。我怎么会知道万物开始的本源情形呢？就是靠这个道。

"无"，并非什么都没有，它是一种状态，一种真相。那是140亿年前天地的星系还未形成之前时的状态，是天地原始的真相，可以称之为"混沌"。"有"，也并非是一种具体的物体，它同样是一种状态、一种真相，是38亿年前地球形成之后，6亿年前细菌还未出现，道创生万物初始的一种状态，一种真相，可以称之为"存在"。"无"和"有"是老子对"道可道，非常道；名可名，非常名"（《道德经》第一章）立论的最形象的注释。他给道起过两个名，一个叫"一"，一个叫"大"。

**老子在这里一方面用道揭示宇宙本源真相，同时也以道展示宇宙的内在精神品格。**老子在第三十二章中说："道常无名，朴。虽小，天下莫能臣。侯王若能守之，万物将自宾。天地相合，以降甘露，民莫之令而自均。始制有名，名亦既有，夫亦将知止，知止可以不殆。譬道之在天下，犹川谷之于江海。"老子说，道永远是无名的，也永远是质朴自然的。它虽然隐微、渺小，天下没有人能驱使支配它。侯王若能守住它，天下将都归服他。天地间阴阳二气相合，就降下甘露般的雨水，人们并没有要求它责令它均匀，它却自然地均匀。从初创万物到人们对万物有所认识，有了命名，有了名分，有了制度，也就适可而止。知道适可而止，就不会有危险。道在天下，对万物来说，就如同江海对于山川溪谷。

老子在第三十四章中还说："大道泛兮，其可左右。万物恃之而生而不辞，功成不名有，衣养万物而不为主。常无欲，可名于小；万物归焉而不为主，可名为大。以其终不自为大，故能成其大。"他说，大道流行泛滥，它可以无所不至。万物都靠它得以生存，它对万物却从不干预；它成就了万物，却不把名誉拥有；养育了万物，却不当它们的主宰。从不图回报，可算是很微小；万物都以它为归附，而它却不自以为主宰，可以算是伟大。由于它不自以为伟大，所以才成其为伟大。

可能有人会疑惑，研究这玄而又玄、奥妙莫测的道，即使识道、守道、得道又怎么样呢？对这种疑惑，老子在第三十九章中有回应。老子说："昔之得一者：天得一以清；地得一以宁；神得一以灵；谷得一以盈；万物得一以生，侯王得一以为天下贞。其致之，天无以清，将恐裂；地无以宁，将恐发；神无以灵，将恐歇；谷无以盈，将恐竭；万物无以生，将恐灭；侯王无以贵高，将恐蹶。""一"是"道"的代名词。他说，自古以来，凡是得一（即得道者）者，其情形是这样的：天得到"一"，天就清明；地得到"一"，地就安宁；神得到"一"，神就神灵；溪谷得到"一"，溪谷就充盈；万物得到"一"，万物就衍生；侯王得到"一"，侯王就可以成为天下的首领。他们都从"一"（即"道"）那里得到他们想得到的东西。反之，假如失去离开了"一"（即

"道"），天不能保持清明，天恐怕就要崩裂；地不能保持安静，地恐怕就要震荡毁灭；神不能保持神灵，神恐怕就要灭迹；溪谷不能保持充盈，溪谷恐怕就要枯竭；万物不能保持衍生，万物恐怕就要灭绝；侯王要是失去高贵，国家恐怕就要灭亡。

综上所述，老子创立道学，是从探究玄妙的宇宙起源开始，确立了道是众妙之门这个纲，其起点确实很高。更为可贵的是，他的道体说"无"，"道"用说"有"，具有辩证思维的特点，与今天量子力学的"测不准定律"在哲学原理上是相符的。他在第四十一章中说"天下万物生于有，有生于无"。这句话包括了进化论的全部内涵。

# 第三章 有无相生

有无相生,难易相成;长短相形,高下相倾。

这里说的"有"和"无",并非第一章里"无,名天地之始;有,名万物之母"句中之"有"和"无",那个"无"代表道体,"有"代表道用。老子在第二章里说的"有无相生,难易相成,长短相形,高下相倾,音声相和,前后相随"。其中的"有无"、"难易"、"长短"、"高下"、"音声"、"前后",和全书中的"强弱"、"宠辱"、"虚实"、"昭昏"、"吉凶"、"黑白"、"贵贱"、"亲疏"、"祸福"、"刚柔"、"厚薄"、"多少"、"开阖"、"奇正"等等相对词,是单纯指两个相对而生的概念。"相生",相对立而生的意思,哲学的观点就是"对立统一"。

在老子的道学观念中,道体处于"无"的状态时,像婴儿般质朴、无名,可称之为"一"、"大"或"朴"。在那个"无"的状态中没有美丑之分,没有善恶之别,也没有是非之争,一切顺其自然,万物不知不识、无欲无私,质朴纯真得像婴孩。但在道体的作用下,"无"中有了"有",也即进入到"有"的状态时,道体便发生了变化,就是老子所说的"天下皆知美之为美,斯恶已;皆知善之为善,斯不善已"(《道德经》第二章)。老子是说,当天下都知道什么是美,什么是丑,什么是善,什么是恶之后,人们自然就都喜爱美而厌恶丑,都向善而弃恶。因此,纷争也就产生,世界就不再安宁。

这似乎成了悖论,但这不是悖论,而是"无"与"有"的对立统一关系。宇宙处于"无"的状态时,没有美丑,没有善恶,也没有是非之争。但是道体的作用必然要创生万物,"无"必然会产生"有","无"必然向"有"过渡发展,于是宇宙处于"有"的状态时,天下人必定赞美厌丑、向善弃恶,于是纷争也就必然产生,世界就变得不安宁。我们的现实就是如此,科技越发达,社会越文明,经济越发展,世界就越不安宁,这不能说是进步文明发展不好,道理是一样的,社会的发展与利益的分割永远是矛盾冲突的。

当然,老子说的那个不分美丑,不辨善恶,纯朴得像婴孩一样的世界,是对宇宙本源的探析,是主观臆想的理想世界,是指宇宙的本源,是天地生成之前、生命进化成人类之先的一种自然的状态。当天下成为人类的世界,仍然没有美丑之分,没有善恶之别,没有是非之争,只怕唯有向往了。因为人类的大脑很发达,善于思维并富有情感,加之人本性有自利心,即使是那些爬行动物,它们同样也有思维,也有情感,同样有生存的争斗,何况人类呢!

如果把老子这个观点简单地理解为他希望世界永远处于混沌状况,那就完全曲解了老子的本意。老子从来没有说宇宙永远停止在本源之初永恒不变。他在第二十五章中说:"有物混成,先天地生。寂兮寥兮,独立不改,周行而不殆。"道体的本源是个浑然一体的东西,天地还没有形成之前它就存在了,既不发声音,也没有形体,它超然于万物之上而不受外力的影响,每时每刻都在循环往复运行而永不停歇。这段话说明了两个观点:一、宇宙是不依赖外力而客观存在的;二、宇宙永远在运动。这两点恰恰与唯物论的基本观点吻合，即物质是客观存在的，物质是运动的。确立了这两个基本观点，宇宙的变化以至生命的产生就不言而喻。老子在这里强调的是"无"与"有"的关系，阐明它们在嬗变中相互否定，又相互依存的对立与统一。

老子在第四十二章中说："道生一，一生二，二生三，三生万物，万物负阴抱阳，冲气以为和。"道是万物化生的本源，这种本源是一种气。即庄子在《天地篇》里所说："泰初有无，无有无名，一之所起，有一而未形。"庄子说"无生一"，老子在这里说"道生一"，观点是一致的，"道"就是"无"，"道"也是"一"；"有"是道的作用，"一"就是"有"，是"道"的创生。一就是那种混沌状态的气，这种气又分化为阴阳二气，阴阳二气交合又生出第三种气叫和气，和气创生、调和、滋养了万物。

以我之见，老子创立道学，全部用意在阐述"道"的作用，即道用，道的创生作用，也就是他在第四十章里那句总结："天下万物生于有，有生于无。"正是因为道创生了万物，包括人类，老子才提出人类有了审美观道体分裂之后该怎么办的问题。老子认为，因为人们都向往"真善美"，摒弃"假恶丑"，由此才产生了"有无"、"难易"、"长短"、"高下"、"音声"、"前后"、"强弱"、"宠辱"、"虚实"、"昭昏"、"吉凶"、"黑白"、"贵贱"、"亲疏"、"祸福"、"刚柔"、"厚薄"、"多少"、"开阖"、"奇正"等等一系列相对而生的概念。这些概念在私欲的支配下产生喜好与厌恶，进而出现纠纷争斗，虚伪诡诈也伴随而滋生，世界的纯朴安宁也就难以为继。因此，老子始终站在这些相对概念的弱面、负面，坚持守弱、居下，他是要人们坚持"本源说"，本源是道体，只要人们坚持道体永不放弃，那么世界就会在那种相生中变得和谐。

**其实世上最真、最善、最美的事情，或者最假、最恶、最丑的事情都包含着正反两种能量。通俗一点说，再好再善再美的事情也会产生消极的影响，再坏再恶再丑的事情也会有积极的因素蕴含其中。**

老子所说的"有无相生，难易相成，长短相形，高下相倾，音声相和，前后相随"，其意还不止于此。他说的有和无相对而产生，难和易相对而形成，长和短相对而比出，高和下相对而显现，音和声相对而应和，前和后相对而成序，有其更深的哲学思想。没有无，就无所谓有；没有易，也就觉不出难；没有短，怎么能显出长；没有下，就看不到高；没有声，自然也就没有音；没有后，就排不出前来。相生、相成、相形、相倾、相和、相随，都是相对却又不可分割的相互依存。用现代哲学观点讲，它们既有对立性，又具同一性；既是对立的，又是统一的，这就是宇宙中万物生存的唯一形式，万物生存都脱不开这一规律。

对此，老子在第二十一章里又作了形象的阐述。老子说："道之为物，惟恍惟惚。惚兮恍兮，其中有象；恍兮惚兮，其中有物。窈兮冥兮，其中有精；其精甚真，其中有信。自今及古，其名不去，以阅众甫。"他是说，道这个东西，是没有固定形体的混沌状态，说它有似乎无，说它实似乎虚，是那样的恍恍惚惚。恍啊惚啊，恍惚之中又有宇宙的形象；恍啊惚啊，恍惚之中又有天下万物的实体；它是那样的深远昏暗，深远昏暗之中却蕴涵着一切生命的精气。这精气是非常具体而真实可信的。自古到今，道的名字一直不能废去，依据它去观察认识天下万物的开始。这一段话生动地表达了"有"与"无"那种无中有、有又无的相互依存、相互依赖、相互冲突的辩证关系。

老子在第二章的最后提出了自己的观点："是以，圣人处无为之事，行不言之教，万物作焉不为始，生而不有，为而不恃，功成而不居。夫唯不居，是以不去。"明白了"无"与"有"的相生关系，面对世界的不安宁怎么办？老子要大家向圣人学习，以"无为"的态度来作为，用不言的方法来诱导别人，任凭万物自然生长成就而不干涉。创生了万物，不占为己有；滋养了万物，却不自以为能；成功了不居功，正因为不居功，他的功绩才不朽。

# 第四章 不尚贤,不贵货

心地单纯,虚怀若谷;
无邪无贪,返璞归真。

不尚贤，不贵货，老子在这里不是谈推举人才、爱惜财富，而是论治国方略。**短短几句话深入浅出地以司空见惯的事实剖析出治国的大道理，对统治者、掌权者、当官的提出忠告。**

"不尚贤，使民不争；不贵难得之货，使民不为盗；不见可欲，使民心不乱。"（《道德经》第三章）他在这里告诫统治者和做官的，身居高位的人，若一味向民众推崇贤人，显示得到贤名的人所获得的名和利，那么，天下人都会因羡慕贤人、贤名获得名利而争相去做贤人，这样相互倾轧、相互争斗，以致生出弄虚作假、不择手段等种种丑行劣迹就会滋生泛滥。做官的人，若一心迷恋金银财宝，视钱财珍宝如命，一朝权在手，便抱着有权不用过期作废的心理搜刮贪占金钱财宝，那么，天下人便都把金银财宝当珍宝追逐掠取，盗贼也就随之而产生。天下百姓若是看不见听不到在位的官人们争名获利和显示钱财珍宝这些能引起欲望的事情，他们的心也就不会为名利财宝所迷乱。

他在这一章里进而说："是以圣人之治，虚其心，实其腹，弱其志，强其骨。常使民无知无欲，使夫智者不敢为也。为无为，则无不治。"懂得道体的圣人治理国家，必定是从治身心做起，要让老百姓心地单纯，达到虚怀若谷、以虚致静、无邪无贪的境地；使他们吃饱穿暖，充实地过日子；弱化欲望心志；强健他们的身体和体魄，使百姓返璞归真无知无欲地生活。要是民众都这样生活，即使自以为聪明机智的人也不敢随心所欲地胡作非为了。这样没有人为引导地顺其自然治理国家，国家就没有治理不好的。

前一段不人为地推崇贤人贤名,不迷恋金钱财宝,以免导向出现偏差,而让社会造成混乱,这似乎没有疑义。后一段,有人就认为老子在宣扬"愚民政策"。如果只从字面上讲解,老子似跟孔子一样在宣扬"愚民政策"。孔子说过"民可使由之,不可使知之"(《论语·泰伯第八》)。意思是,可以指点老百姓走哪条路,不可以告诉他们为什么。这样就有点只看其文,不知其意,不解其心了。老子的"常使民无知无欲"与孔子"民可使由之,不可使知之"出发点是完全不同的。老子的"无知无欲"是要让百姓纯朴简单、返璞归真,不要知道太多的贤人贤名因名而获利和占有大量钱财珍宝这样诱惑人的事情,无过多欲望地过平常日子;而孔子的"民可使由之,不可使知之"是说可以告诉百姓走这条路,而故意不要告诉他们为什么要走这条路,故意把百姓蒙在鼓里。

我以为,老子告诫做官的人如何对待百姓,是讲实际的,态度也是诚恳的。民以食为天,不要说两千多年之前,就说经济腾飞生活富足的今天,吃饱穿暖仍然是广大老百姓的第一愿望。假如让百姓"盈其心,空其腹,强其志,弱其骨,常使民博知纵欲",天下将会是一种什么情景?假若天下的老百姓,跟上面的做官人那样,心里整天异想天开地揣着不切实际的争名逐利、图谋金钱财宝的种种念头,饿着肚子,忍着饥寒去为自己的不切企图目标拼命奋斗,最终的结果将会是什么呢?只能是与天斗、与地斗、与人斗，斗来斗去，斗得土地贫瘠，经济崩溃，民不聊生。那种空想社会主义的乌托邦行为，曾经相当长一段时间主宰着我们的灵魂，成为我们的行动纲领和旗帜，我们为此天不怕地不怕地斗过，以致付出全部青春热血而一事无成。

就全章而言，老子实实在在地阐述了"上行下效"的普通道理，要在上做官的人警惕，自己的一言一行都会对民众产生影响，明白严于律己，身先士卒的作用和道理。老子说的"不尚贤"、"不贵难得之货"其实质与儒家的"修身"、"齐家"、"治国"、"平天下"同出一辙。用现代的话说叫"以身作则"、"治人先治己"。对这孔子有精到的名言："上好礼，则民莫敢不敬；上好义，则民莫敢不服；上好信，则民莫敢不用情。""其身正，不令而行；其身不正，虽令不从。"(《论语·子路十三》)上面做官的人讲礼仪，老百姓就没有人敢不敬重；上面做官的人讲情义，老百姓就没有人敢不服从；上面做官的人讲诚信，老百姓就没有人敢不说真话。当官的自身行得正，不发命令，老百姓也会跟着行动；若是自己身不正，整天搞歪门邪道，即使下令，老百姓也不会听从。

当今世风之差让每个人浮躁不安，都想骂街，道德沦丧到了没有底线的地步，根子在哪里？在当官的腐败。每年各级纪委公布的受法律、党纪查处的官员数量惊人，加上还有狡猾隐藏手段高明而没被查处的，真可谓"无官不贪"了。官员如此，老百姓天天耳闻目睹的都是当官的受贿、贪污、腐败的丑行，款额大到几十万、几百万、几千万、甚至几亿、几十亿、几百亿人民币，老百姓整天受这些行为蛊惑引诱，意怎么能不迷？心怎么能不乱？世风怎么能不日下？近朱者赤、近墨者黑，社会风气如同染缸，风气好，能净化人的心灵；风气坏，就是块白玉也会被污染成烂石头。

在这里我们不难发现老子思想中的人民性。他对当官的说要使百姓"虚其心，实其腹，弱其志，强其骨"。其实根本还是为百姓着想，他认为，只有社会没有纷争，只有百姓纯朴简单，厚道无欲地生活，百姓才能真正实现"甘其食、美其服、安其居、乐其俗"（《道德经》第八十章）。这才是老子所期望的理想的百姓生活真实景象。

# 第五章 天地不仁

知足知不足,
有为有不为。

人的一生，有许多困惑。归结起来，我认为人生的诸多困惑都因"欲望"与"命运"之间的差距、不同步、不一致而起。

比如，好容易碰上升职的机会，民意测验非你莫属，结果别人占了那个位置，你空欢喜一场；更要命的是大家一致认为他各方面都不如你，你搞不明白其中原因，于是就非常困惑。再比如，你祖辈善良，仁义宽厚，积德行善，灾祸却偏偏降到你家里，不是有人查出绝症，就是遭意外，出车祸、煤气管道漏气中毒、失火、家里被盗、遭抢劫、摔着腰折断腿……灾祸不断；而贪得无厌、整人损人、无恶不作的邻居、领导、同事，却儿孙满堂，福寿双全，好事连连；你难解其中道理，连周围的人都跟着你一起困惑。再比如，你聪明敬业，诚信经营，磊落做事，坦荡做人，却常常吃亏上当，事事遭挫，进退维谷；而别人投机钻营，弄虚作假，巧取豪夺，却八面玲珑，左右逢源，心想事成，事事如意；正直的人都愤愤不平引起公愤，这人却依然逍遥自在，全单位都为此困惑。困惑不解就怨天怨地。

人生多困惑，自古如此。《庄子·内篇·大宗师第六》就记载了这么一个故事。子舆和子桑是好友。有一回，天接连下了十天大雨，子舆想，大雨绵绵下这么久，子桑没有谋生计的地方可去，弄不好在家病了，于是就带着饭食去看子桑。刚到门口，就听到子桑像在唱歌，又像在哭泣。只听他哭唱着："父亲吗？母亲吗？天啊！人啊！"他的声音都变得微弱而急促了，子舆进了屋，问他，你这是怎么啦？子桑说，我怎么也想不通，究竟是谁让我穷困到这般地步。父亲吗？母亲吗？父母怎么会要我穷困呢？天没有偏私，地没有偏私，天地怎么会要我穷困？我穷困到如此极点，只能是命了。

一个"命"字，便把百思不得其解的困惑消除了。可这"命"是什么？从哪里来的呢？古往今来，人们都说"命"是天地给的，是的，一切生命都是天地（即宇宙、道）所创生。老子在第四十二章中说："道生一，一生二，二生三，三生万物。"道是宇宙的本源、本质规律，也可以说是宇宙万物进化诞生的总原理。老子的意思是说，宇宙创生的总原理产生出一种气，这种气分化成阴阳二气，阴阳二气的不断交合，又产生了第三种气叫和气。在和气的调和、滋养下万物得以化生、繁衍。

天地（宇宙、道）给予了万物生命，但并不主宰万物的命运。老子在第五章中说："天地不仁，以万物为刍狗；圣人不仁，以百姓为刍狗。"刍狗，是用草扎的狗，是古时候用来祭祀的物品。这段话是说，天地是不讲什么仁慈仁义的，把天下的万物当作草扎的狗，祭祀用它的时候并不是偏爱它，祭祀之后把它扔掉也不是轻视它，天地对万物一视同仁，让万物自由自在、自生自灭；圣人也不讲什么仁慈仁义，把天下百姓也视作草扎的狗，祭祀用它的时候并不是亲近它，祭祀之后丢弃它也不是歧视它，圣人对天下百姓一视同仁，让百姓自由自在顺其自然生活。

为此，老子又在第十章里说："生之、畜之；生而不有；为而不恃；长而不宰。是谓玄德。"老子说，天地（宇宙、道）让万物诞生，育养了万物，但它却不把万物据为己有，不显耀自己的德能，让万物自由成长而不主宰它们的命运。这就是天地（宇宙、道）的玄妙之德。

由此看来天地和圣人都是具有玄妙之德最大公无私最没有偏私的，怎么会故意给天下的百姓安排差异悬殊不同的"命"呢？

其实，所谓"命"，不过是人们主观臆想出来进行自我安慰的形而上的东西。这个东西产生两种功效，一方面，当自己的欲望在灾祸、挫折、困难面前无法实现，困惑而无法面对、无力超越的时候，就只好如同庄子说子桑一样，只好用自己的"命"不好这个消极的东西来自我安慰，自我排遣，自我解脱。这种无可奈何的行为，叫作"认命"。另一方面，为了满足、实现自己的欲望，排除一切意外不测、人为干扰，自己给自己设想了一个"天有眼睛，地有良心；善有善报，恶有恶报"的自然规律，抱定这个心念，人为地去"好善乐施"、"行善积德"，以求心想事成，最终期望达到自己的理想目的，这种自我激励的行为，叫作"修命"。

说穿了，无论是"认命"还是"修命"，其实都是自欺欺人。"认命"是宿命论，放弃自我主观能动，听天由命。"修命"说白了，是鲁迅先生笔下的阿Q的"精神胜利法"。试想，要是天地真有良心，大自然真具因果报应的法则，那还要法律法规刑罚做什么用呢？人世间还有是非、善恶、美丑存在吗？

那么究竟该如何来对待困惑，如何来认识命运呢？老子开出了一剂排除困惑烦恼、认识自我命运的良方。

老子说:"知足之足,常足矣。"(第四十六章)要做到"知足",就要甘愿"守其雌"、"守其黑"、"守其辱"(第二十八章)。人的生命和遭遇无法选择,但命运可以由自己来创造和把握。有人生下来就是王子、贵族、高干子女;有的人生下来就是贫民、乞丐、罪犯流氓的儿子。印度电影《流浪者》为此作了注释,流氓的儿子不一定是流氓,法官的儿子也不一定是法官。而人的遭遇(自然的,非人为的),一般都带有偶然,巧合和因果关系都是人们牵强附会的联想与虚构。比如飞机失事,而某人因故耽误而幸免;比如地震,某人因出差在外地而躲过一难;比如雷击,他恰巧在雷击的物体之下而避过一击,等等,这些道理无须赘述。

老子还说:"常无欲,可名于小;万物归焉而不为主,可名为大。"(第三十四章)意思是说,(天地)一直没有私心欲望,不求报偿,可以算是渺小;万物向它归附,而它不自以为主宰,可以说它很伟大。排除困惑烦恼,保持一个行善不图回报的心态很重要。"仁",是儒学思想的核心,是道德修养的最高境界。但"仁"在老子思想体系中,并不占重要地位。他在第三十八章中说:"失道而后德,失德而后仁。"他把"仁"排在"道"和"德"之后,占第三位。老子为何这样排斥仁呢?在于老子无私、无我,真朴、虚静的人生哲学。他认为,讲仁的人,必定抱着个人的一种理想目的去施仁行义。庄子说虞舜和伏羲的差异就在这里。虞舜胸中装着仁义,使人民归化,他自己却被仁义所累。伏羲的智慧天真而不做作,他把自己为天下人做事,当作马被骑,牛耕地一样浑同自然，他心中没有一点自我的累赘。施仁行义后面有一个名的问题，施仁后得不到应有的名誉和报偿，心里就会困惑烦恼，难以像伏羲一样，自然而不虚伪。

除此，需要强调的是，在社会文明水平还不够高的情况下，使用老子的"自然法则"去治理社会是行不通的。无论是企盼期待"因果报应"，还是偏执"无为而治"，都只能让一般文明程度的社会混乱。简言之，一个人要想把握好自己的命运，不能靠天，不能靠地，不能靠爹娘，不能靠命，只能靠自己。善，只有在抑恶中才有价值；仁，只有在惩治不德中成德。"知足"与"无欲"对于修心养性，排除困惑烦恼不失为一剂良方。

# 第六章 天长地久

后其身而身先,
外其身而身存。

天长地久，人们常常用它来祝愿爱情和婚姻，愿相爱的有情人的感情像天地一样长久。对此苏东坡有名句："但愿人长久，千里共婵娟。"与此相关还有"地老天荒"、"海枯石烂"之类的爱情誓言。老子在这里说的"天长地久"倒不是对爱情婚姻而言，是讲人的名声和生命怎样长久的道理。

老子曰："天长地久。天地所以能长且久者，以其不自生，故能长生。是以圣人后其身而身先，外其身而身存。非以其无私耶？故能成其私。"(《道德经》第七章)

老子是说，天地是永恒无穷久远的。天地之所以能够永恒无穷而久远，那是因为天地无私，即"不自生"，就是不为自己而生，所以它永恒无穷而久远。圣人效法天地，处处谦虚退让，甘居人后，结果大家反而都尊敬他，把他推为先；他把自己的一切置身度外，反倒安然无恙地活着。这正是因为他无私，结果反而成全了自己。前一个"私"是指"私心"、"自私"，后一个"私"是指代，是"这个目的"之意，"成其私"，是成全自己长久这个目的的意思。

这一番道理，似乎有点像刘少奇当年推崇的"我为人人，人人为我"，有点所谓"吃小亏占大便宜"的意思。这么理解有点狭隘，其实做人的道理来自于天地的道理，而道理是事物内在本质的反映，并不是人们所想所说的这么简单。

天地即道。老子在这里是借阐述道的永恒无穷，而喻人生。但因天地（道）是看不见摸不着的东西，用语言无法形象而真实地让大家接受，老子便又反过来以圣人的行为诠释天地（道）的永恒无穷。自然界的万物是天地（道）孕育、滋生、培养，但天地（道）创生万物完全不是为自己，而是为万物生存提供所需的一切，比如土地、水分、空气、阳光，这些万物生存的必要条件好比一种服务，离开了这些条件，也即离开了道的这种服务，万物便不可能生与存。但天地（道）并不因此而显能，也不以此居功，更不因此而主宰万物，天地（道）是无私无欲的，所以它才长久。

在老子看来，天地（道）对万物不仅不怀任何自私的目的，而且对万物之间也没有一点偏私。在第五章中他就说"天地不仁，以万物为刍狗"；这里的"仁"，是"偏私"的意思，没有喜爱谁，也没有憎恨谁，是大公无私、一视同仁的。对待万物如同对待祭祀用的那种草扎成的狗一样，用它来祭祀敬神不是特别对它喜爱，祭祀过后把它扔路边，也不是对它特别憎恨。天地无爱无憎，大公无私，对自然界万物不人为主宰，也不预设式样标准，任其自由生长，自然发展。正由于天地给万物提供了这种顺其自然的环境，天地间这才有了人类，有了动物，有了植物，有了微生物……

老子在这里阐发的是如何才能"长久"这个主题，这个"长久"包括"声名"、"寿命"和"仕途"。人活着都想有好名声，而且越广越好，越久越好；凡有生命的事物，都想活得长久，甚至期望永生，这是生命的自然愿望；人活在世上谁都想成就一番事业。从本质和自然规律来说，有生，必有死；有死，必求生；求生，定求名；有始，必有终。那么，如何才能天长地久？如何才能做到声名和生命永生呢？如何才能事业发达，江山不老呢？老子给出了方法，那就是"无私"。万恶，私为源；万祸，欲为根。老子就人性的本能"自利"这个基点出发，提倡尊重生命，疏淡名利的主张。

老子在第四十四章中说："名与身孰亲？身与货孰多？得与亡孰病？是故，甚爱必大费；多藏必厚亡。故知足不辱，知止不殆，可以长久。"老子心平气和，谆谆诱导地说，名利和生命哪个更值得热爱？钱财和生命哪个更重要？得名声钱财和失去生命，哪个对自己更有害？因此，（想明白了这些道理）就会意识到过分地偏爱名声，受损失损害更多；多藏钱财珍宝，丢失的一定更重大；只有知足，才不会遭受损辱；只有懂得适可而止，才不会遇到凶险；这样，身体才能久安，生命才能长久。

老子一再真诚忠告："后其身而身先，外其身而身存"，"无私"、"故能成其私"。他认为，这是最简单不过的道理了，因为，人人都有私心，个个都有欲望，假如大家都是为其私欲而放纵自己，为满足个人的私欲而不择手段地掠取，势必要侵害、伤害别人的利益和权利，甚至侵害国家的利益。一个人贪占的利益越多，伤害的面就越广，那么周围的憎恨也就越多，厌恶也就越大。民愤大了，人如何立足；作恶多了，"天网恢恢，疏而不失"（《道德经》第七十三章），多行不义必自毙，别说长命永生，必定是要短命的；别说江山不老，只怕是朝不虑夕。有些违纪违法官员任私欲的无限膨胀，膨胀到了已经弄不明白"身与货孰多？得与亡孰病？"的道理，无视党纪，无视国法，到了利令智昏的地步。法律无情，他们必然自食其果，身败名裂。他们的人生悲剧，只能再一次证明，"私欲"是万祸之根这个真理。

反之，一个人如果宽宏大量，无私无欲，助人为乐，舍己为人，别人就会感受到你的恩德，就会感念你，敬重你。一个人在大家的爱戴中生活，他没想得到的反而会得到，没想拥有的反而会拥有，他反过来又会感念大家，更自觉、更心甘情愿地为大家服务，那么他活得肯定非常充实，也非常快乐。他为大家做的事情越多，大家就越惦念他，即使他离开了人世，人们仍把他怀念在心，他就达到了永生的境界。老子、孔子、孟子，他们离世已经两千多年了，可大家仍记着他们，一代一代的人都与他们的思想进行对话交流，绵延而不间断，他们不仍跟活着一样嘛！这就是"死而不亡者寿"（《道德经》第三十三章）的道理。

"身其后而身先，外其身而身存"、"无私"、"故能成其私"，里面充满着辩证的哲理。辩证思维贯穿着《道德经》的始终。"知其雄，守其雌"、"知其白，守其黑"、"知其荣，守其辱"（《道德经》第二十八章）是老子基本哲学立场，他除了在通篇中坚持"圣人处无为之事，行不言之教"、"生而不有，为而不恃，功成而不居"（《道德经》第二章），"居善地，心善渊，与善仁，言善信，正善治，事善能，动善时"（《道德经》第八章）这些基本观点，他还提出了具体的柔弱胜刚强的人生观。柔弱能胜刚强，这既是哲学思维，也是兵法，也可以说是道术。

守弱居下，以弱胜强，说起来容易，但真正做到，很不容易。我以为只有理解老子为人处世的根本道理，才有可能在人生实践中得以体验，那就是力求守弱居下，不要逞强居高；努力博大坦荡，不要小肚鸡肠；尽力深谋远虑，不要急功近利。这样才有可能得到老子的帮助，否则就是空谈而已。

# 第七章 上善若水

善利万物而不争,夫唯不争故无尤。

"上善若水"，这句文字美妙、含义深广的名言，已为全世界懂汉语的人珍藏。看起来，老子是在这里说水的本质，说为人处世的道理，其实他是借水的品格，在阐述"道"博大精深的内涵。

"上善若水。水善利万物而不争，处众人之所恶，故几于道。"（《道德经》第八章）

老子说，最高境界的善跟水一样。这是老子在《道德经》首次提到水，这里所说的水，与他后面所说水的柔弱与坚硬的特性不完全相同，这里是说水的自然品格，是水的自然作用。水的善表现在它倾尽所能滋养万物生长，而不为自己争任何利益，它甘愿放弃高贵显赫的位置而屈居众人不愿待的卑下之处，所以它的品格与道十分接近。

老子继续说："居善地，心善渊，与善仁，言善信，正善治，事善能，动善时。"（《道德经》第八章）

老子在这里借说水的品格，隐喻为人之道和道体的内涵。道本来就跟水一样，为人也要像水那样："居善地"，身处为善的地方，即卑下的、低洼的、别人不愿意待的地方；"心善渊"，心地善良得像深渊一般清明、虚静、宽广；"与善仁"，给予别人友善和仁义；"言善信"，说话诚实讲信用；"正善治"，为政要以德而治，即无欲、无私、无为而治；"事善能"，做事要像水一样有至善的功能，它无论方圆、曲直、清污，全部能包容，而使之去污去浊而清澈；"动善时"，行动起来都能顺势适时，顺其自然。做到了这七个方面，也就具备了水的品格，也就合乎大道了。

水的品格因何而来？老子说："夫唯不争，故无尤。"

一切的一切都是由于水不争名不争利，所以它才有这品格，才不会有什么过失和怨尤。

全篇老子在说水的品格，实际在说道的七种善，而这些善所要表达的核心是"不争"，就是最后那一句"夫唯不争，故无尤"。这是这一章的结论。"不争"是老子思想的一个基本立场，与前面"天长地久"可谓异曲同工，与他的"无为"、"无私"、"无欲"、"无事"、"守弱"、"处下"一脉相承。

"不争"，似乎与自然界万物"生存竞争"的客观事实相悖，但天地、自然界的内在客观规律即道，创生万物的本源初衷是让万物交互滋养，相互依存，和谐共生共处。因此，代表中华文化思想的儒、佛、道，有一个共同共通的理念，即"不争"。

儒家说："礼之用，和为贵。先王之道，斯为美，大小由之。"（《论语·学而第一》）意思是说，礼节礼貌的作用，以和谐共处最为可贵。古代圣王之道就是这样达到完美的，大小事情都按照礼的规范来处理。"己所不欲，勿施于人。"孔子在《论语》的"颜渊第十二"和"卫灵公第十五"中，两次谈到这个观点。先是仲弓问他什么是仁，孔子其中说到"己所不欲，勿施于人"，自己不喜欢不想要的，不要硬给别人。再是子贡问孔子，有没有一句可以终生作为行为规范的话。孔子说"其恕乎！己所不欲，勿施于人"。意思是恐怕只有宽恕吧，自己不想要的，就不要强加于别人。儒家反复倡导为人讲礼貌，与人和睦相处；以宽恕作为自己终生行为的座右铭，都是劝导人们为人处世"不争"的道理。

佛家说："自未得度，先度他人，菩萨发心。"（《楞严经》）意思是自己还未成佛，先让众生成佛。大乘菩萨终生就是以此为行愿，自立立他，自觉觉他，牺牲自我，普济众生。"忍辱波罗蜜。"（《金刚经》）忍受别人侮辱成就到彼岸的意思。如来就是如此，他看到歌利王率宫女纵欲欢乐，他向歌利王宣讲佛法，让其戒贪欲，要他明白戒就是忍。歌利王反而愤怒地以割如来的耳朵、鼻子来检验如来的忍。如来尽管被割了耳朵和鼻子，但他若无其事，平静如常，既没有气恼，也没有痛苦，于是他成了佛。

世事历来如此，凡社会大力倡导的东西，恰恰正是社会缺失的东西。众家齐倡"不争"，正说明人世间"不争"的人太少太少，无论做官为民，做到"不争"太难太难。盘古开天，直至今天，世间的争斗从未停歇。别说普通百姓，即便帝王、高官、文豪也未必能做到。从炎黄之争，到文纣之斗；从列国之战，到秦始皇统一中国；所有历史，都是争权夺利的斗争史。就说北宋的王安石、司马光、苏轼，他们的著述名垂千古，可他们三个之间也因相互争斗而命运凄惨，结局是三败俱伤，留给后人的是一部让人扼腕的悲剧。

王安石（1021—1085），堪称宋代的改革家、思想家和文学家，官至宰相。他继承和发扬了老子的一些哲学思想，他让传统的朴素的辩证思想得到了发展。《洪范传》、《老子注》是他在这方面的主要著作，他的文章以论说见长，留不少著名诗篇列于唐宋八大家。熙宁三年（1070），他主张大力改革，通过变法以图富国强兵。得神宗重用，却遭到两宫太后、皇亲国戚和司马光等为代表的旧党猛烈攻击，苏轼虽主张改革，但变法思想与王安石有严重分歧。王安石为变法，先后两次被罢相，新法被废除，后退居江宁，积郁成疾病逝。

司马光（1019—1086），北宋大臣、史学家，官至翰林学士。学识渊博，史学之外，音乐、律历、天文、书数，无所不通。其史学巨著《资治通鉴》被称为中华文化的瑰宝。因极力反对王安石推行新法，被外放端明殿学士知永兴军（今陕西西安）。次年，改判西京（今河南洛阳东）御史台。从此居洛阳十五年，六任闲职。哲宗即位，太皇太后高氏听政，召司马光为门下侍郎，进尚书左仆射，成为反对变法的领袖人物。但任相不到一年，尽罢新法，1086年病死。

苏轼（1037—1101），北宋伟大的文学家，诗、词、散文都称大家。官至翰林学士，知制诰、礼部尚书。主张变法，却又反对王安石激进，遭变法派排挤。为避身祸主动求外任，先后出任杭州通判，密州、徐州、湖州知州。苏轼做官勤政爱民，尽心职守。辗转迁徙，每到一地都兴修水利，赈济灾民，减免租税，体察民间疾苦。对新法实行中的弊端，也写诗文评说，又遭变法派弹劾逮捕关押，幸得多方营救出狱，被贬为黄州团练副使，近于流放。他一方面没有放弃儒家经世济民思想，又时时向佛老思想求解脱，成为他一生创作的高峰。高太后听政，起用司马光，全面废除王安石新法，苏轼被召回京都。但他又反对全盘否定新法，与司马光等旧党人物又产生分歧，为旧党官僚所忌恨，他又外放杭州。高太后死后，哲宗执政，新党人物纷纷上台，旧派人物纷纷遭到贬斥。王安石变法这一具有伟大历史意义的政治运动，蜕化为争权夺利的党派之争，苏轼竟成为新旧党争斗的牺牲品。

可见，"争"，与己无益，与人不利，与世无补，因为"争"违背自然规律，违背天地本源，违背道，终究是有害无益。

可能有人会说，"不争"是不是消极人生？老子的"不争"与"无为"是一致的。老子在第四十八章里说："无为而无不为"，意思是看起来好像不做什么，但没有一件事不是它所做的。"无为"并不是什么都不做，而是不为了让人知道故意去做什么，而它所做的都是无欲无私地从本分和本能出发，自觉自如自然地在尽它应尽职能在做。就如春播了，天下了雨；秋收了，天总是太阳高照。老子的"不争"也是如此，"不争"并不是什么都放弃，而是和睦地协同做事，不为个人去争权夺利。

# 第八章 顺其自然

> 日中则移,月满则亏。
> 进退盈缩,与时变化。

自然，除了指自然界大自然和人的某种放松神态之外，它还是个哲学名词，指客观事物的内在规律。人们常说的顺其自然，实际是遵循事物内在客观规律的意思，这是老子思想中一个非常重要的基本观点。窃以为老子在《道德经》第九、第十、第十一章这三章中，以三个不同侧面和层次，集中诠释了这一观点。

老子在第九章中首次提出了"天之道"。"天之道"谓何意？"天之道"即"天道"，也就是"道"。老子在这一章里说："功遂，身退，天之道。"为何"功遂，身退"就是"天之道"呢？他在前面为此作了较为详尽的铺垫陈述。老子说："持而盈之，不如其已；揣而锐之，不可长保。金玉满堂，莫之能守；富贵而骄，自遗其咎。"意思是说，水盛到器皿里，不能太满，太满了，就会溢出来；与其满得溢出来，不如在未满之前停止再往里添加。刀剑之类有锋芒的器械，不能磨砺得太锐利了，太锐利了，反会容易折损；想这些器械锋芒保持得长久，不如不要磨砺得太锐利。一个人家里堆满了金银财宝，财富太多，谁又能长久地守藏住？人富贵了，假如财大气粗，仗富飞扬跋扈，他必定自找祸患。所以他的结论是"功遂，身退，天之道"，这里说的"功"，不只指功劳，泛指成功、业绩有成。

这个道理其实是很浅显，"满招损，谦受益"，"日盈则昃，月满则亏"，"爬得越高，跌得越重"，这些都是中国老百姓常挂在嘴边的箴言。老子在这一章里，用了"盈"、"锐"、"满"、"骄"四个字，概括了违背"天道"的四种不足取行为。"功遂，身退"

就不可能出现盈、锐、满、骄这四种不良行为，"功遂，身退"，用老百姓的话说叫"见好就收"。其实它包含着人对待仕途、功业的应有的内在品质，人在仕途上、功业上，应当是能上能下，能官能民，能伸能屈，自控盈缩，进退自如。简而言之，就是顺其自然，遵循客观规律。

老子在第九章阐述的"天之道"，实际阐述的是为什么要顺其自然的道理，在第十章里，他进一步阐述了怎么样顺其自然的道理。老子以一连串的疑问提出问题。老子说："载营魄抱一，能无离乎？专气致柔，能婴儿乎？涤除玄览，能无疵乎？爱国治民，能无知乎？天门开阖，能为雌乎？明白四达，能无为乎？"老子是说，你的魂魄想抱守着大道，但能做到永远不离开吗？你一心想任凭生理的本能去柔弱处世，能像婴儿一般纯朴、无知、单纯吗？你想摒除心智所产生的欲望，能不留下一点瑕疵吗？你热爱国家，管理民众，能不用心智、不用心计，任其自化吗？你的五官整天不停地开开阖阖，能做到像雌性一样心静、安分、谨慎吗？心里虽然明白各种道理，上下也都通达，能放弃个人欲望，达到无为而治的境界吗？

老子提出这一连串疑问，实际是以反问阐述顺其自然的道理。接着他下结论说："生之畜之，生而不有，为而不恃，长而不宰，是谓玄德。"（老子在第五十一章中重复表述了这一结论）他在这里正面表述顺其自然就是"道"的精神，"道"孕育滋生了万物，繁殖了万物，但"道"生育了万物却不据为己有，滋养了万物却不显耀自己的功绩，统管万物却不主宰它们，这才是深远玄妙之德。

老子在第十一章里，读起来觉得他似乎在以"车"、"器"、"室"来讲"有"与"无"的关系，表述"虚怀若谷"的道理，其实他仍在讲顺其自然的道理，在这章里他讲的是如何才是顺其自然。老子说："三十辐，共一毂（gū），当其无，有车之用。埏埴（shān zhí）以为器，当其无，有器之用。凿户牖（yǒu）以为室，当其无，有室内之用。故有之以为利，无之以为用。"老子这一段话的意思是，一个车轮三十根辐条，都聚集在车轮中心那个车毂上，那圆圆的车毂中间是空的，因为空而有间隙，车轴插在里面才能旋转，车辆才能发挥载重运输的作用。把陶土糅合成泥，烧制成器具，因为器具中间是空的，才能发挥器皿盛各种物品的作用。开门洞凿窗户做房舍，因为房屋中间是空的，才能发挥居住的作用。由此可见，"有"（具体的实体事物）之所以给人们使用的便利，都是依赖其中的"无"（即空）才能发挥其作用。说来说去这就回到了宇宙的本源说，在第一章里老子说"无，名天下之始；有，名万物之母"。"无"是道的本体，"有"是道的作用，道就是让万物产生于"无"。因此，"无"是车、器、室发挥其功能的根本原因，其基本原理都是遵循了道的内涵，即顺应了自然规律，这才使它们各具备应有的功能。

这三章，第九章说了为什么要顺其自然，第十章说了怎么样顺其自然，第十一章说了如何才是顺其自然。我看无论"盈、锐、满、骄",还是修炼"玄德",还是"虚静谦和"为人,似乎都还可做得,唯这"功遂,身退"难之又难。

功成名遂了,见好就收,急流勇退,这是天道,于人于己于社会都有利。这道理说起来明白,具体真做起来却不那么容易。往往功成了,名气大了,更有了不退的资本。因为事业有成,或者功业卓著,容易让人产生超常的自信,觉得自己就是智商过人,能力超强,自己就是比别人胜一等,一切都比别人强。在这种自我意识主导下,他根本不可能想到身退,而是千方百计想往更高的位置上攀,即使已到退的年龄,哪怕职务也已到达最高限度,但就是不想把位置让给后来者,居功不退,甚至居功骄横。

现实中,因为这个"退"所引发的奇怪事多得无法数说。因为这个"退",好像遭遇了灾难和人生挫折,有的突然就病了,有的因此而一蹶不振,有的甚至为此一命呜呼。因为这个"退",有的条件要求提了一大堆,有的连子女亲友的安排都成为退的交换筹码,有的人退事不退,占着办公室不倒,揽着分管的事不交,厚着脸皮退位不退岗……这不只是简单地想躺在功劳簿上享受一下成功带来的荣耀,想借盛名收获更多的赞誉和私利,根本还在人的观念意识,不能正确看待成功,不能正确认识自我。

《史记》卷七十九《范雎蔡泽列传第十九》中记载了蔡泽劝范雎身退的一段话:

……"夫商君为秦孝公明法令,禁奸本,尊爵必赏,有罪必罚,平权衡,正度量,调轻重,决裂阡陌,以静生民之业而一其俗，劝民耕农利土，一室无二事，力田稸积，习战陈之事，是以兵动而地广，兵休而国富，故秦无敌于天下，立威诸侯，成秦国之业。功已成矣，而遂以车裂。楚地方数千里，持戟百万，白起率数万之师以与楚战，一战举鄢、郢以烧夷陵，再战南并蜀汉。又越韩、魏而攻强赵，北阬马服，诛屠四十余万之众，尽之于长平之下，流血成川，沸声若雷，遂入围邯郸，使秦有帝业。楚、赵天下之强国而秦之仇敌也，自是之后，楚、赵皆慑伏不敢攻秦者，白起之势也。身所服者七十余城，功已成矣，而遂赐剑死于杜邮。吴起为楚悼王立法，卑减大臣之威重，罢无能，废无用，损不急之官，塞私门之请，一楚国之人中，禁游客之民，精耕战之士，南收杨越，北并陈、蔡，破横散从，使驰说之士无所开其口，禁朋党以励百姓，定楚国之政，兵震天下，威服诸侯。功已成矣，肢解。大夫种为越王深谋远计，免会稽之危，以亡为存，因辱为荣，退垦草人邑，辟地殖谷，率四方之士，专上下之力，辅勾践之贤，报夫差之雠，卒擒劲吴，令越成霸。功已彰而信矣，勾践终负而杀之。此四子者，功成不去，祸至于此。此所谓信而不能诎，往而不能返者也。"

这是蔡泽劝范雎功成身退时说的一番话，商鞅、白起、吴起、大夫种（文种）他们都为自己的君主和国家做出了丰功伟绩，成就了霸业，但是他们都犯了能上不能下、能伸不能屈、能往而不能自觉返的一个毛病，没有见好就收，及时地功成身退，一个个都落了个悲惨结局。他强调："日中则移，月满则亏。物盛则衰，天地之常数也。进退盈缩，与时变化，圣人之常道也。"范雎听了蔡泽的劝，主动向秦昭王推荐了蔡泽，自己借病引退；蔡泽虽是为了个人求仕劝范雎让位于他，但他自己也言行一致，当国相仅数月，有人恶语攻击他，便也托病送回相印。他们两个不仅功名流传天下，而且都得到了秦昭王的赐封，都得到善终。

**因此，要真正做到顺其自然，首先要做到能正确认识自我，正确对待功名业绩。** 对此，唐雎对信陵君的话也值得借鉴。

信陵君杀晋鄙，救邯郸，破秦人，存赵国，赵王自郊迎。唐雎谓信陵君曰："臣闻之曰：事有不可知者，有不可不知者；有不可忘者，有不可不忘记者。"信陵君曰："何谓也？"对曰："人之憎我也，不可不知也；我憎人也，不可得而知也。人之有德于我也，不可忘也；吾有德于人也，不可不忘也。今君杀晋鄙，救邯郸，破秦国人，存赵国，此大德也。今赵王自郊迎，卒然见赵王，愿君之忘之也。"信陵君曰："无忌谨受教。"——《战国策·魏策四》

**要知道谁憎恨自己，而不要知道自己憎恨谁；记住别人对自己的恩德，忘记自己对别人有过什么恩德。能做到这些，这人基本上就能正确看待自己，也就能正确对待自己的功名业绩。**

# 第九章 物极必反

爵位不宜太盛,太盛则危;
能事不宜尽毕,尽毕则衰;
行谊不宜过高,过高则谤兴而毁来。

凡事物都有它的本质规定性，这种规定性，我们通常叫作度。事物在它本质规定性的度之内存在，它就是它的本质面目，如果突破了它本质规定性的度，那它就要发生质的变化，哲学上叫作质的飞跃，此事物就不再是它的本来面目，而成了彼事物。比如说水，它的本质规定性是液体，这种规定性的度是在零摄氏度至一百度之内，假如水的温度升高到一百度，就突破了它本质规定性的度的最高限度，它就会由液体变成气体蒸发；反过来，水的温度若是降到零摄氏度或零度以下，同样突破了它本质规定性的度的最低限度，它同样会发生质的变化，水就会由液体变成固体，成为冰。所有事物都是如此，人也不例外。

老子说："五色令人目盲，五音令人耳聋，五味令人口爽。驰骋畋猎，令人心发狂；难得之货，令人行妨。"（《道德经》第十二章）他说，红、黄、蓝、白、黑五颜六色本来是令人喜爱丰富生活的美丽色彩，但是过度地追求色彩的享受，势必会导致人的视觉迟钝，甚至视而不见；宫、商、角、徵（zhǐ）、羽五音（相当于简谱的1、2、3、5、6），本来是谱成曲供人欣赏享受给人愉悦的艺术，但是过度贪图音乐的享受，势必会导致听觉失灵，甚至听而不闻；酸、甜、苦、辣、咸五味，本来是调味美食佳肴的佐料，给人以美味享受，但是过分恣意追求美味的享受，势必会导致味觉衰退，甚至食而无味。过分地迷恋野外纵马打猎的快乐，必定会弄得人内心狂野，魂不守舍；过分贪恋金银财宝，必定会被金银财宝所迷性，丧失道德，身败名裂。

老子在这里实际讲了物极必反的道理，最真的、最善的、最美的东西，穷极到过分（即突破事物的度）都会适得其反，走向它的反面。

我在战斗部队文化处工作的时候，下属有个团里的电影组长，他就因乐极而发生悲剧。团电影组长是排级干部，干了好多年之后，终于提拔到宣传股当干事，升为连职军官。海防驻岛部队生活环境比较艰苦，上级在守岛部队军官生活待遇上给予优待，除工资给海岛补助外，军官家属随军条件也比大陆部队宽松优待。大陆部队营以上军官家属才可以随军，驻岛部队连职军官家属就可以随军。这位电影组长，既升官，爱人又随军，双喜临门。组织上批准他回家乡办理爱人随军手续，全家搬迁到部队安家。电影组长太激动太高兴了，他回家的时候，一心想给家乡的大队公社、干部显摆一下，违反规定把手枪偷偷地带回了家。告别家乡的前一天，他特意请公社和大队的领导喝酒表示感谢，同时也显示他有出息。喝完酒为了显摆，他拿出了手枪和十发子弹，让公社和大队的领导在院子里打靶过瘾。这些人都没有经过严格的训练，不懂使用手枪的要求，你打一枪，他打一枪，轮到大队书记打，弄不清枪里还有没有子弹，随便就搂了一下扳机。结果里面有一颗子弹，一枪打在电影组长肚皮上。大夏天，他们家离医院有一百多里地，用拖拉机把他拉到医院，人已经不行了，喜事变成了丧事。这种乐极生悲的事或许到处都有。

物极必反，关键在这个"极"上，物"极"才"反"。物至极，

**一般是人为因素所致**。人在常态下为人处世，行为不可能极端；人在非常态情况下，才会失态，才会对自己失控。人若是在失态的状态下生活、做事、为人，他的生活不可能正常，所做之事也会出现极端，为人也肯定失常，所有的一切都会走向反面。

人为何会失态？为何会失去自我控制？老子曰："宠辱若惊，贵大患若身。何为宠辱若惊？宠为上，辱为下，得之若惊，失之若惊，是谓宠辱若惊。何谓贵大患若身？吾所以有大患者，为吾有身，及吾无身，吾有何患？"（《道德经》第十三章）老子是说，世上的人患得患失的心思太重，得到荣誉、尊宠和受到侮辱、屈辱都心惊恐慌，畏惧祸患像看重生命一样紧张。什么叫得到荣宠和受到屈辱都心惊恐慌呢？在人们的心目中，荣宠是高贵的，屈辱是卑下的，得到荣誉、尊宠就激动惊喜，受了侮辱、屈辱就惊慌恐惧，所以得到也心惊，失去也心惊。什么叫畏惧祸患像看重生命一样？我们所以有大的祸患，是因为我们凡事都想自己太多，假如我们忘却自己，抛开自我，我们还有什么祸患呢？

**这道理显而易见，人的失态、失控，都是因为太在乎自己而致，说到底还是私欲、私念太重的缘故**。我们常说，人要有平常心，过平常的日子。有了平常心，得也好，失也好，荣宠、尊贵也好，屈辱、卑下也好，一切在他心中都如过眼烟云，来无踪，去无影；来，与我无缘；去，与我也无关；这叫宠辱不惊。其实，作为天底下的一个人，天晴了，怕晒就戴个草帽；下雪了，怕冷就穿件棉袄。这是刘欢唱的《心中的太阳》那首歌的意思，这也叫顺其自然。

**人要保持平常心需要作一番修炼**。无尊无卑，无宠无辱，还好说。但人若是得意，一得意往往忘形。有喜，有荣耀，得意一下未尝不可，但要有节制，千万不要忘形，人一忘形，就没了人正形，就什么也不是了。人若是受屈辱，一受屈辱就杞人忧天，天塌了，地陷了，人间暗无天日了，再无出头之日了，从此一蹶不振，有的甚至一病不起，一命呜呼！人要是升了官，不是一朝得势，鸡犬升天；就是大权在握，生怕过期作废，滥用权力，挥霍无度，最后身败名裂。

如何让自己保持平常心，老子没有说更多道理，他只说："是以圣人为腹不为目，故去彼取此。"（《道德经》第十二章），他说所以真正懂道的人，生活非常简单，只求吃饱肚子，不去追求身外荣耀虚名、利益地位，抛开奢侈浮华，选择质朴实在的东西。这种人"故贵以身为天下，若可寄天下；爱以身为天下，若可托天下"（《道德经》第十三章）一个人如果能像看重自己一样看重天下，愿意把自己奉献给天下，就可以把天下交给他管理；如果一个人能像爱自己一样爱天下，就可以把天下托付给他。

# 第十章　无为而治

同于道者，道亦乐得之；
同于德者，德亦乐得之；
同于失者，失亦乐得之。

历史把《道德经》排除在"四书"(《大学》、《中庸》、《论语》、《孟子》),"五经"(《周易》、《尚书》、《诗经》、《礼记》和《春秋》)之外,自汉武帝始独尊儒学,有人把其中的原因归结为老子消极遁世,认为他的"无为"理学玄虚缥缈,离现实太远,不合世情。直至今天,持这种观点的人依然不在少数,他们认为,老子的理论在今天,尤其在市场经济体制下竞争激烈的今天,不可取,也行不通。

其实把不把《老子》列入中华文化经典,与老子本人没一点关系。他创立道学,只是把自己的思想与智慧留了下来,至于后人怎么对待他的理论思想,他压根就没有什么企望。这五千余言的《道德经》也是应关尹的请求而作,他原本并没有著书立说的打算。

后人为何排斥老子,却还要给老子头上扣上"消极遁世"的帽子,好像《道德经》没列入国学经典不是后人的事,是老子自己的原因。这的确有点"此地无银三百两,隔壁王二不曾偷"的意思,自己做了不该做的事情,还要掩饰愣充君子。自汉武帝始不尊道学,并非因老子消极遁世,也非老子思想玄虚不切实际,真正的原因是统治者们不喜欢老子的思想和理论,老子的理论不但不能让他们急功近利,而且给他们出了难题,他们根本做不到。

老子的政治治国主张不但不消极,相反是具有真实意义的积极,其对历史的影响和社会的推动,有据可查。据《史记》记载,汉初惠帝、文帝、景帝三朝,尊黄帝老子之言,奉行黄老政治治国,"贵清静,而民自定"。国富民殷,太仓之粟,溢于仓外;府库之钱,年久索断。后来的统治者尊儒弃道,当代的人认为老子思想消极玄虚,不只是没有真正完整领会老子的思想体系,没能完整掌握老子辩证思想的精髓,他们抵触老子的更直接原因是自身无法达到老子思想所需的境界,难以体会其思想高远幽深的奥妙。他们不愿意"守弱",也不会"居下",更不甘"不争",绝不可能"无为"。

"无为而治"是老子的政治主张、治国方术和人生哲学的核心。在一般人看来,"无为"与"治国"是矛盾的,"无为"何以能"治国"?"治国"必定得"有为"。中国人长期受儒学思想影响,人生讲"三十而立",用孔子的话说,"四十、五十而不闻焉,斯亦不足畏也已"。意思是说人到了四十、五十岁还没有一点名声的话,这人一生就不值得别人敬畏了。从业从政也讲"建功立业"、"功成名就"。在这些思想潜移默化的影响下,人们形成了好大喜功,急功近利的毛病。这种毛病实际是一种欲望,就是老子批评孔子的"骄气"、"多欲"、"态色与淫志"。在欲望的驱使下,人们一生终日匆匆忙忙,为功名而求功名,为立业而去创业,造成相互倾轧、相互争斗的局面,社会便失去和谐。老子的"无为"与"不争",实际是要人们遵循规律,客观地去做事,让社会在和谐中发展。这也是老子的思想体系之所以流传至今,成为中华传统文化的两大体系之一的生命力所在。

老子的《道德经》共八十一章,其中有十章谈到"无为"。细细品读，老子的"无为"哲学，包含了四种境界。

其一顺应自然。老子在第二章中说："圣人处无为之事，行不言之教，万物作焉而不为辞，生而不有，为而不恃，功成而弗居。夫唯弗居，是以不去。"

他是说，圣人懂得道体，一切顺应自然，以"无为"的态度来做事，用"不言"的方式去教导别人，像道一样任凭万物自然地去生长变化而不去干预，生养了万物，却不据为己有；培育了万物，而不自恃其能；成就了万物，而不自居其功。正由于不居其功，所以他的功绩就永垂不朽。简而言之，"无为"即不刻意去作为，"辅万物之自然，而不敢为"（《道德经》第六十四章）。即辅助万物去自然发展，而不敢勉强按自己的意愿去行事。

其二无为不矜。每个人都希望自己的人生灿烂，社会也习惯于以创事立业作为衡量人生价值的标准。当这些成为社会思潮时，急功好利，炫耀吹嘘便不可避免。细想，这恰恰与创事立业的志向自相矛盾。老子说："不自见，故明；不自是，故彰；不自伐，故有功；不自矜，故长。"（《道德经》第二十二章）他说，不偏好自我表现的，所以能够清明；不自以为是的，所以反得以彰显；不自我夸耀，所以才有功劳；不自高自大，所以才能长久。在第二十四章他又反过来强调说："自见者不明，自是者不彰，自伐者无功，自矜者不长。"偏好自我表现的，反而看不到清明；自以为是的，反而不能彰显才能；自我夸耀的，反而没有功劳；自高自大的，反而不能长久。所以"圣人无为，故无败；无执，故无失"(《道德经》第六十四章)。圣人能够做到无为,所以就没有失败;不偏执,也就不会有损失。因此,如果不是以一颗平常心去做事,即使你竭尽全力、费尽心机,也可能功亏一篑,反遭受挫折。

其三无为自化。老子有句名言,叫"治大国,若烹小鲜"(《道德经》第六十章)。意思是,治理一个大国,就如同煎小鱼,不能老翻动,翻动太多,小鱼就碎了。他提倡统治者应该"无为"、"无事",让百姓安居乐业,自治自化。老子在第五十七章中描述了"无为"所产生的景象。老子说:"我无为而民自化,我好静而民自正,我无事而民自富,我无欲而民自朴。"意思是说,我无为而治,百姓自然地化育归顺;我喜欢安泰宁静,百姓就自然质朴纯正;我不兴师动众做事,百姓就自然安居乐业生活富足;我没有私欲,百姓就自然淳朴。老子在这一章里又描述"有为"所产生的另一种局面:"天下多忌讳,而民弥贫;民多利器,国家滋昏;人多伎巧,奇物滋起;法令滋彰,盗贼多有。"天下即国家,他说,国家的法规禁令越多,老百姓越无所适从无法做事,日子便越过越贫穷;民间的武器越多,国家就越混乱;人们的伎俩越巧,稀奇古怪的物品就越多;国家的法令越明细,天下的盗贼反越多。老子从正反两面论述了"无为"与"有为"的不同目的、不同手段、所得到的不同结果,进一步阐明"无为"的作用。

老子在第五十八章中对此作了进一步论证,他说:"其政闷闷,其民淳淳;其政察察,其民缺缺。祸兮福之所倚,福兮祸之所伏。孰知其极？其无正也。正复为奇，善复为妖。人之迷，其日固久。是以圣人方而不割，廉而不刿，直而不肆，光而不耀。"老子说，无为治国，国家政治看起来好像沉闷，但民风反而非常淳朴；有为治国，政策法令细琐苛严，国家政治看起来好像清明，但老百姓不堪束缚而怨声载道。灾祸啊，幸福就依靠在旁边；幸福啊，灾祸就隐藏在里面。谁能知道它们最后的究竟？它们是没有规律的。正随时可能变为奇，善良也可能变成妖孽；人们的迷惑，由来已久了。因此，处"无为"、"无事"的圣人，他虽然方正，但不显得强硬锐利；虽然有棱角，但不会伤害人；虽然刚直不阿，但不会放肆凌人。他们虽然光明磊落，但他们一点没有刺眼的光芒。

**自然，老子强调"无为"，并非一无所为，他反对的那种造作、妄为的"有为"，提倡以无为的手段，达到自化的目的。**治国治人更应如此，每个百姓都有自治的能力或潜在的人性，不必一味去强制干预他们，应该以"百姓心为心"，促使百姓人人自治自化。

其四无为而无不为。老子的"无为"，不是什么都不做，外在行为看似"无为"，而实际上没有一件事情不为。老子在第三十七章里非常明了地说："道常无为而无不为。侯王若能守之，万物将自化。化而欲作，吾将镇之以无名之朴。镇之以无名之朴，夫将不欲。不欲以静，天下将自正。"老子说，道常常看起来无所作为，而实际上道是无所不为的。侯王们若是能守着它，天下的万物就都能自治自我化育；万物自治自化的过程中，还会产生私欲而有所作为，我将用道的没有定名的质朴来镇服它。用无名的质朴来镇服也不过是扼制私欲，扼制了私欲，万物也就安静了，天下也就归于平静稳定了。

老子的"无为"，实际上是一种最高境界的领导艺术。他在第十七章里把统治者分为了四等："太上，下有知之，其次亲而誉之，其次畏之，其次侮之……"最好的统治者，用无为的方式处事，推行不言的教化，下面百姓仅仅知道有他的存在。次一等的统治者，用德教感化百姓，以仁义治理国家，人们都亲近他、称赞他。更次一等的统治者，用严酷的刑法管理百姓，人们都畏惧他。再次一等的统治者，他对百姓不讲信用，愚弄压榨百姓，人们都蔑视他。

那一年去台湾公干，晚上看《联合报》，头版是凯迪格兰大道"倒扁"红潮的照片和报道，无独有偶，另一版上登载的是陈良宇被免职的消息。说他涉嫌挪用巨额"社保基金"，中纪委重拳出击云云。我在博客上写了一篇文章《无为而治》，其中有这样一段文字："台湾在'倒'陈水扁，大陆查出个陈良宇；两个都姓陈，一个涉嫌贪占公务机要费2500万元，一个涉嫌挪用巨额上海社保基金，有点巧合，也有点滑稽。可见古今中外，无论什么制度，无论什么社会，执政掌权者若要背离人民的利益，那他就必定要被人民抛弃。"

对此，老子在第二十三章里有精辟的论述，他说："希言自然。故飘风不终朝，骤雨不终日。孰为此者？天地。天地尚不能久，而况于人乎？故从事于道者，同于道；德者，同于德；失者，同于失。同于道者，道亦乐得之；同于德者，德亦乐得之；同于失者，失亦乐得之。信不足焉，有不信焉。"

掌权者应该处无为之事，行不言之教，顺其自然。暴风刮不了一整日，急雨也下不了一整天，是谁所为？是天地。天地的力量尚且不能持久，何况掌握点权力的人呢？所以从事道学研究的人应该知道，追求道的人，与道在一起；追求德的人，与德在一起；追求失道失德的人，与失道失德在一起。同于道的人，道也乐于得到他；同于德的人，德也乐于得到他；同于失道失德的人，过失也愿意得到他。为政者如果诚信不足，民众自然就不信任他。

**我以为，无论为政者，还是普通人，不在"无为"，还是"有为"，而在究竟为什么而"为"，为谁而"为"。**

# 第十一章 大智若愚

> 真廉无廉名,立名者正所以为贪;
> 大巧无巧术,用术者乃所以为拙。

一看到大智若愚这个成语，陈景润先生的形象不禁闪在眼前，这个把一生献给"哥德巴赫猜想"的数学家，摘取了世界数学最高荣誉的桂冠，可他在平常生活中给公众留下的却是一副书呆子的形象，内秀而外愚，用这个成语来形容他可以说是恰如其分。

大智若愚之"愚"，并非人们常说的装傻充愣，不识时务，没心没肺，能力低下那种愚笨，那不叫愚，应该叫痴呆、白痴、低能儿。若愚并非真愚，也非装愚耍心术，是人的本质、城府、素养、个性的综合体现。这儿的愚是智者之大智，慧者之大慧，明者之大明。

在现实生活中，我们尽管承认大智若愚是对智者低调做人的一种赞誉，但人们的内心都并不真喜欢这种人，自己更不愿意去做这种人。在老子的心目中，大智若愚却是智者所必然具有的形象。老子在第十五章中说："古之善为道者，微妙玄通，深不可识。夫唯不可识，故强为之容：豫焉，若冬涉川；犹兮，若畏四邻；俨兮，其若客；涣兮，若冰之将释；敦兮，其若朴；旷兮，其若谷；混兮，其若浊。"

老子这段话的意思是，古时候得道的人，精深奥妙、深远而通达，深奥到一般人难以理解结识。正因为一般人难以理解结识，所以要勉强对他描述一下。这种人为人行事，谨慎得如同冬天赤足过大河；他凡事三思而后行，慎重得像怕四邻窥视攻击一样；他严谨谦和，在人前像做客人一样；他修道养德清除私欲，像冰块融化一样；他本质淳朴敦厚，像没有经过雕琢的原始材料一样；他的胸襟宽广豁达，像深山的幽谷一样；他处世的混沌厚道，像大海包纳百川浊流一样。

既然是智者，他的外在表现却为何愚笨呢？普通人不理解，反而还可能嘲弄他，这就是普通人与智者胸襟心怀的区别。在这大千世界里，往往普通人的外在表现非常精明聪慧，外秀其表面，而常内心浑浊。而智者却总是表现出不识时务，做事傻里傻气，其实是明秀其内。原因何在呢？老子在第十六章中这样说："致虚极，守静笃。万物并作，吾以观复。夫物芸芸，各复归其根。归根曰静，是曰复命，复命曰常，知常曰明。不知常，妄作——凶。知常容，容乃公，公乃王，王乃天，天乃道，道乃久，殁身不殆。"

老子是说，人的心灵本来是清明虚静的，但常常受私欲的干扰，因而观察事物不能客观准确，行事偏离恒久不变的德，只有清除私欲让心灵保持清明宁静，在万物纷呈的现实面前，才能看到它们从无到有，再由有回复到无这样的往复循环的情形。世间的万物庞杂而多变，但它们最后总归要回到自己的本源的初始状态，回到本源叫作静，静是它们原始的本性，无私无欲才能心静，所以回复到本源就是复归本性。这种复归就是自然的恒久的道。知道了这个恒常的道就明知，而不懂得恒常的道而轻举妄动，就会遭受灾患危险。知道了恒常的道，就能包涵容受一切；能够包涵容受一切，才能坦然大公不偏私；能够坦然大公不偏私，就能担当天下重任；担当天下重任就要替天行道，替天行道才会与道接近一致，与道保持一致才会恒久，终生不会有危险和灾患。

人生在世，为人处事，老子特别重视"明"。明是清明，心明。人只有清明、心明才能去私去欲。在《道德经》里他在第十六章和五十五章里两次说到"知常曰明"，二十二章里说"不自见故明"，二十四章里说"自见者不明"，二十七章里说"是谓袭明"，三十三章里说"知人者智，自知者明"，三十六章里说"是谓微明"，四十七章里说"不见而明"，五十二章里说"见小曰明"、"复归其明"。老子推崇"明"的同时，极其反对人为地表现自己"智"，这一点在全书里也多次出现。他在第三章里说"常使民无知无欲。使夫智者不敢为也"。十八章里说"智慧出，有大伪"。十九章里说"绝圣弃智"，二十七章里说"虽智大迷"，六十五章里说"民之难治，以其智多。故以智治国，国之贼；不以智治国，国之福"。

老子为何如此重视"明"而反对"智"呢？因为，"智"是外露示人的，是以他人为行为对象。"明"是内观自省的，是以自己为行为监视对象。凡表现出有智慧的人，一般都好为人师，拿着自己的智慧教诲别人；或者用所谓的智慧调教、愚弄、算计，甚至欺诈别人，老子视此为祸患。而明知的人，都是谦和待人、礼让待人，即使给人以教，也是不言之教；即使成就大业，也是无为而成。所以真正的智者，都是明智的人，他们待人绝不会依据人的智慧学识多少来分尊卑贵贱，更不会凭借自己某种某方面的智慧来鄙视别人；相反他们视生活与世界是无法完全认知、无法穷尽的谜，故真正的智者把所有的人都当作自己的老师来敬重，向他们学习、请教自己其他方面欠缺的东西。

老子在第四十五章中更充分地表达了这种观点。老子说："大成若缺，其用不弊。大盈若冲，其用不穷。大直若屈，大巧若拙，大辩若讷。静胜躁，寒胜热。清静为天下正。"他坦直地说，最完善圆满的东西，看起来似有缺陷，但它的作用一点不会因此被诋毁。最充实的东西，看起来似乎很空虚，但它的功能不会因此而穷竭。最直的东西，看起来似乎弯曲；最灵巧的东西，看起来似乎笨拙；最杰出的辩才，看起来似乎口拙木讷。宁静能克制躁动，寒冷能抑止炎热，能够恪守清静而无为之道的人，可以成为天下的典范榜样。

老子看待任何事物，历来是辩证的，而且偏弱、偏卑、偏柔、偏下，不赞成恃智逞强，施仁卖巧。老子在第十九章中说："绝圣弃智，民利百倍；绝仁弃义，民复孝慈；绝巧弃利，盗贼无有。此三者以为文不足，故令有所属；见素抱朴，少私寡欲。"

他说智圣和智慧是虚伪诡诈产生的祸根，弃绝了这种东西，民众反而能得到百倍的利益。仁德和义礼会制约人的天性，弃绝了仁德和义礼，民众反而会复归孝道和慈爱。机巧和财利会让人滋生盗贼心理，弃绝了机巧和财利，盗贼自然就没了立足之处。上面说的圣智、仁义、巧利作为人文罢了，不足以治理天下。所以要使民众另有所遵循的精神归属，那就是外表单纯，内在质朴，减少私心，降低欲望。

老子在这里几乎以矫枉过正的口气，贬斥了统治者所谓的"圣"与"智"、"仁"与"义"、"巧"与"利"，要统治者不要自作聪明，少用那种人为制造的人文观念来愚弄欺诈民众，还是让民众遵循自然之道，摒弃一切虚伪和诡诈，顺应自然，保持纯真朴素的天性，减少私心，消解欲望。

老子在第二十章里，以自己的内心独白，对大智若愚之人（即他自己）坦率地作了陈述和剖白。老子说："绝学无忧。唯之与阿，相去几何？善之与恶，相去若何？人之所畏，不可不畏，荒兮，其未央哉！众人熙熙，如享太牢，如春登台。我独泊兮，其未兆，如婴儿之未孩，累累兮，若无所归！众人皆有余，而我独若遗。我愚人之心也哉，沌沌兮！俗人昭昭，我独昏昏，俗人察察，我独闷闷。澹（dàn）兮，其若海，飂兮，若无止。众人皆有以，而我独顽以鄙。我独异于人，而贵食母。"

**老子说，那种古板僵化的学问知识是烦恼和忧愁的根源，弃绝那种学问知识就不会有忧愁烦恼。**那种恭敬的应诺与轻侮的呵斥，有多少差别？善与恶，又相差有多少？大家畏惧的，我也不能不畏惧，但我所追随的大道是那么广大而没有穷尽，和世俗相距太远了。众人是那么热闹高兴，像参加盛大的宴会，像春游登高远眺那样欢畅，唯独我却平平淡淡，无情无欲，像个还不会对情景做出反应的婴孩，倦怠得像无家可归的人。众人都富足有余，而我却好像丢失而匮乏不足。我有颗愚蠢人之心啊，混混沌沌的！世人都清清楚楚，我独糊里糊涂。世人都明明白白，我独浑浑噩噩。但我的心安静辽阔啊，像无边的大海；像大风一样，无尽而没有归宿。众人都有本领，而独我愚蠢又鄙陋。我之所以不同于别人，我抱守着生养万物的大道而永远不改变。

这是对大智若愚最完整的诠释。

# 第十二章　委曲求全

处世让一步为高,退步即进步的张本;
待人宽一分是福,利人实利己的根基。

一个人，受了委屈心平气和而一点不难受；出外行走，有捷径直路不走而甘愿去绕弯走冤枉路；做事从不把自己的意见强加于人，而老是屈就别人；与人相处，自愿甘居人下，而且毫无怨恨不满之心；使用物件，自己用破旧过时的，总把新的好的让给别人；领取物品，只愿意比别人少得，比别人多得了反而心里不安。你能这样做吗？有人准会说，这种人准有毛病，要不就不是凡人，正常人绝对做不到。老子却劝诫大家，应该做这样的人。

为此，老子在《道德经》的第二十二章里专门阐述了为什么要这样为人的道理。老子说："曲则全，枉则直，洼则盈，敝则新，少则多，多则惑。是以圣人抱一为天下式。不自见，故明；不自是，故彰；不自伐，故有功；不自矜，故长。夫唯不争，故天下莫能与之争。古之所谓曲则全者，岂虚言哉！诚全而归之。"

这一章的大意是，委曲才能够保全、成全自己，弯曲才能够伸直，低洼才能够积满，珍惜旧的才能够创造新的，少索取才能够多收获，贪多反会增加困惑。所以圣人懂得这些道理，始终坚守着道作为天下的风范。不一味沉溺于自我表现，所以看什么都清明；不自以为是，所以能彰显自己的德能；不自吹自擂，所以功不会被没；不自高自大，所以德行影响才久远；正是因为不争名夺利，所以天下没有人是他的对手。古代人所说的委曲才能够保全的道理，这难道是一句空话吗？它确实能使人得到圆满成功已经被事实证明。

老子之所以主张委曲求全，是因为人世间的一切事物都处在对立又统一的变化之中,这种对立的互动变化而且是永无止境的。在老子的人生经历和视野中,他感受到一切逞能逞强的东西,最终都会遭失败,被摧毁;而一切甘愿柔弱、甘受屈辱的东西反而能留存,能保全。正如他在第七十六章中所做的结论:"故坚强者死之徒,柔弱者生之徒。"老子的结论是:所以坚强的东西归为死亡的一类,柔弱的东西归为生存的一类。他在这里强调"曲、枉、洼、敝、少"的益处,是为了让人们明白,想要实现"全、直、盈、新、多"的目标,只能先做到"曲、枉、洼、敝、少",这实际是说明了生活中一个大家常说的道理:要想得先得失,有失才有得,老实人吃亏,但终究不吃亏。

或许有人不信这一套,假如真要是逞强好胜,受不了半点委屈,只想"全、直、盈、新、多",而不愿意接受一点"曲、枉、洼、敝、少",结果又会怎么样呢?老子在第二十四章中又进一步阐明了这种意气用事,不遵循自然规律,逞能逞强的结果。老子说:"企者不立;跨者不行;自见者不明;自是者不彰;自伐者无功;自矜者不长。其在道也,曰:余食赘形。物或恶之,故有道者不处。"

老子说,踮起脚后跟想让自己比别人站得更高,反而站得不可能不稳当;想两步并作一步跨越超过别人,反而走不了多少路。专好自我表现的,不可能会清明;自以为是的,自己的能耐不会得到彰显;自我夸耀的,不会得到功劳;自高自大的,不可能长久。这些行为在道的原则看来,多是些残羹剩饭赘肉,谁都会厌恶它，懂一点道的人绝对不会这样去做。

老子从正反两个方面对委曲求全的内涵说这么多道理，其实说来说去，关键在人的心态、在人的品格、在人的追求。有好的心态，有了清明的品格，有了崇高的追求，人就会有一种良好的精神心理，这种良好的精神心理可以用一个字来概括，叫作"忍"。对于"忍"，似乎日本民族特别欣赏，我们在电影电视和书本上经常会发现，有不少日本军人把这个字作为自己的座右铭，如今中国的年轻人也以在衣装上印上"忍"字为时髦。

在外国也是如此。希腊大力士薛西佛斯因触怒了神，被罚以一项永无止境的苦刑：要他将一块巨石，从奥林帕斯山下推到山上。由于诅咒的力量，每当薛西佛斯将巨石推到山顶的刹那间，巨石会自动滚落到山下。这样周而复始，薛西佛斯永远重复着同样劳苦无望的命运而无法解脱。然而薛西佛斯没有与此抗争，他忍下了这种羞辱，他换了一种角度来看自己的这一苦刑，他开始欣赏自己推巨石的每一个动作，他发觉自己搬巨石的一举一动都那么美，他便全心全意沉浸在这种自我欣赏之中，他便沉浸在享受这份苦役给他展现自己创造完美能力的过程之中，他再也感觉不到一点懊恼和绝望。

在我们中国，忍让、忍辱负重也是儒家思想的一个重要处世之道，孔夫子有句名言叫"小不忍，则乱大谋"。在中国可以说无人不知，无人不晓。古往今来，我国历史上忍受一时屈辱而成就大业的人举不胜举。殷代的汤王被夏桀囚禁于夏台，周文王被商纣拘囚羑里。他们都胸怀大志，咽下一时屈辱，后来都成了一统天下的君主。晋文公重耳逃亡到翟，齐桓公小白流亡在莒，颠沛流离，受尽凌辱，后来也都成了天下的霸主。越王勾践卧薪尝胆的典故可谓家喻户晓，他忍辱负重向吴王称臣，为明耻图雪，他天天品尝苦胆的苦涩，含苦思过，积聚十年，方报仇雪耻。

这里更值得说的是太史令司马迁，历史上做太史令的岂止司马迁一人，可唯有他完成了《史记》这部留世的不朽巨著。太史令掌管文献，固然为著述提供了便利，但这仅是必要的外在条件，其他太史令也有这个条件，别人不成，唯有他成，窃以为真正促使其倾一生之心血、持非凡人之坚毅完成此大业的根本动力，是因他为李陵辩护，触怒汉武帝，蒙受"宫刑"这奇耻大辱。他在这奇耻大辱的痛苦中，真正品味出人的生命的价值，转变了立场，调整了视角，对人生有了批判，对人间的是非恩怨有了透彻的认识，对命运的无情有了悲愤，对失败的英雄有了同情，正是由于有了这些，《史记》才不朽，才成为史学史和文学史上的里程碑。

可是自利之心，人皆有之，一个在物质世界里承受着生存重压之人，怎么能做到委曲求全呢？对此，老子在第三十六章里给出了方法。他说："将欲歙（xī）之，必固张之；将欲弱之，必固强之；将欲废之，必固兴之；将欲取之，必固与之。是谓微明。柔弱胜刚强。"

老子说，将要收敛它，必定先让它扩张；将要削弱它，必定先让它增强；将要废弃它，必定先让它兴旺；将要夺取它，必定先给予它；这道理看起来似乎隐微，实际上很明显，就是柔弱胜刚强。简而言之，就是我们常说的欲擒故纵。历史上这种欲擒故纵的实例很多。无论是郑庄公消灭共叔段，还是越王雪耻消灭吴国；无论是楚国灭隋国，还是晋献公灭虞国，用的不是必固张之，就是必固强之，不是必固兴之，就是必固与之，最终都是在得利的情况下忘乎所以，被人一举消灭。这是被历史证明了的事实，也是事物发展的内在规律，亦即道之所用。

# 第十三章　无中生有

有物先天地，无形本寂寥；
能为万象主，不逐四时凋。

宇宙客观存在的无限性，决定了人类认识的局限性。宇宙是什么？星球如何形成？天地的未来如何？人类仅仅认识了其中一些，它够子子孙孙无休止地去研究发现。西方人简单痛快，捧出个上帝，上帝创造一切！人类永远认识不完的事情，一句话便解决。咱中国人倒是也捧出个盘古。但中国人比西方人唯物，盘古虽然也是神，但他跟西方人心目中的上帝不同，他有生命，他靠自己的能力开天辟地。"天地混沌如鸡子，盘古生其中，万八千岁。"盘古开天也不是拿把斧子一劈了事，而是他与天地抗争的结果，期间经历了一万八千年。"天地开辟，阳清为天，阴浊为地。盘古在其中，一日九变，神于天，圣于地。天日高一丈，地日厚一丈，盘古日长一丈。"（《太平御览》三引徐整《三五历纪》）

宇宙起源的学说，让中国人引以为豪的并非创造了盘古这个有血有肉的神，而是老子创立了宇宙论。李政道先生获得诺贝尔物理奖后，在1972年10月22日接受香港中文大学荣誉博士仪式的致辞中说："牛顿力学已被量子力学来代替，在量子力学中有一条很重要的定律叫作'测不准定律'。……从哲学上讲，'测不准定律'和中国的老子所说'道可道，非常道；名可名，非常名'的意思，颇有相符之处，所以近代物理学有些看法，和中国太极和阴阳二元的学说有相似的地方。因此，量子力学创造人，丹麦大物理学家宝雅（即玻尔）教授，在他被封为爵士的时候，选了中国的太极图案，作为他的徽章，象征中西方文化的融合。"

两千几百年前老子创立的学说，能与近代自然科学研究成果相吻合，这难道还不能说是先知先觉吗？我一直以为，把老子的思想体系笼统地说为宗教，非常不妥。老子的思想体系是中国的古典哲学，是充满辩证思维的哲学，说道教袭用了老子思想体系的部分精神较为合适。

老子关于宇宙的文字虽不多，但却较完整地描述了宇宙的本源、宇宙的形成和宇宙的运动规律。

关于宇宙的本源，老子在第二十五章中说："有物混成，先天地生。寂兮寥兮，独立不改，周行而不殆。可以为天下母。吾不知其名，字之曰道，强为之名曰大。"

老子说，有一个浑然天成的东西，在天地形成之先就存在了。它既没有声音，又没有形体，它不依靠外力超越一切之上永久不变，每时每刻都在循环运行，永不停止。它可以成为天下万物之源。我不知道该给它个什么名字，把它叫作"道"，勉强再给它起个名叫作"大"。

一个真实的事物，我们是无法给它一个恰当的名字的。我们给它起的那个名，也不可能反映那个事物的真相形态。

苏东坡对这个道理，在他的《日喻》一文中非常形象地做了比喻。《日喻》中说："生而眇（miǎo）者不识日，问之有目者。或告之曰：'日之状如铜盘。'扣盘而得其声，他日闻钟，以为日也。或告之曰：'日之光如烛。'扪烛而得其形。他日揣籥（yuè），以为日也。日之与钟、籥亦远矣，而眇者不知其异，以其未尝见而求之人也。"

这篇文章是说，有个先天的瞎子没见过太阳，问眼睛好的人太阳是什么样，有人告诉他太阳的形状跟铜盘一样。他拿铜盘敲敲，听到了铜盘的声音。一天他听到钟响，就以为那是太阳的声音。又有人跟他说，太阳的光跟蜡烛的光一样。他就摸了蜡烛，知道了蜡烛的形状。有一天他摸到了一根短笛，他就认为那是太阳。太阳这个有形的东西，用语言解释给没见过的人听，结果就成了铜盘，又成了钟，再成了蜡烛，最后成了短笛。而瞎子并不知道里面的差异，这就是看不见而求人的结果。

由此可见，语言文字是无法准确地描绘客观事物的。

老子给宇宙本源起了两个名，一个叫"道"，一个叫"大"。大，广大无比，可感可觉。道是什么？道也可说是路，它的原始符号是十字路口里有个人字，可以引申为路线。我以为老子给宇宙本源起名为道，实际是对宇宙的内在规律而言。规律是形而上，不是感官直接能感知认识的，它"视之不见"、"听之不闻"、"抟之不得"（《道德经》第十四章），只能称它为"无"。那么"无"是什么？"无"不是事物，只是一种形态，一种规律。"无，名天地之始；有，名万物之母。"（《道德经》第一章）"无"，可以算作天地之始的名；"有"，是万物之根源。"无"是宇宙之本源，"有"产生于宇宙本源的"无"。宇宙的内在规律就是：无中生有。

宇宙的形成就是无中生有。老子在第四十二章说"道生一，一生二，二生三，三生万物"。道的本体是"无"，"道"生一，即"无"中生出"有"，"有"还不是事物，是一种混沌之气；一生二，"有"

这种混沌之气生出阴阳二气；二生三，这阴阳二气不断交合，产生了第三种气，即阴阳统一调和养育万物之和气（即大气）；阴阳二气不断交合，不断产生新的和气，于是繁衍生成了万物，构成了宇宙。

世间的任何事物都是无中生有。生命是怎么形成的？语言是怎么创造的？文字是怎样产生的？科学技术是如何发明的？一切的一切，都是从"无"到"有"，但是"有"不是凭空产生，是在"无"的各种无形因素的基础上形成的。

提出"无"的概念，是老子在中国哲学史上里程碑式的贡献，功不可没，它不是一味地消极，他说的"无"并非空无一物，是以负概念积极肯定，是一个有若无，实若虚，以退为进，以守为攻，以屈为伸，以弱为强，以柔为刚，以不争为争的辩证思想体系，它与"有"都具有总括万物形态的品格。但也有一点不得不注意，老子过于强调了"无"的作用，而没有恰当地把认识"无"和"有"的对立统一和相互依存的关系充分阐述，过于强调了"无"的客观性，而忽略了"有"的客观性；只看到事物空虚的部分，没有充分认识事物"有"的客观价值和作用，离开了客观存在的"有"，那混沌的"无"的部分又如何存在呢？没有"有"又何言"无"呢？

关于宇宙的运动变化规律，老子说"独立不改，周行而不殆。……大曰逝，逝曰远，远曰反"（《道德经》第二十五章）。宇宙不依靠外力超越一切之上永恒不变，每时每刻都在循环运行，永不停止。"大"称作消逝，消逝到极远，从极远又返还。他又在第十六章中说"致虚极，守静笃。万物并作，吾以观复。夫物芸芸，各复归其根；归根曰静，是谓复命"。他说，心力使心灵回复到虚寂，保持清静的状态，万物纷纭呈现，我们就能看到它们由无到有、再从有返回到无这样的往复循环。事物变化纷繁，最后总要回复到各自的出发点，回到出发点叫作静，这叫作回复本性。

人生和世界的万事万物，都遵循着无中生有、又从有回复到无这样一个内在规律，不断循环，人生和世界都是一个圆。无中生有，是一个量变到质变的过程；从有再回复到无，不是倒退，而是在"有"的基础上升华到更新更高级阶段的"无"；这个回复的出发点也是"有"之后的新一轮循环的出发点。宇宙和万物就是在这个总规律下，循环往复，永不停息，无休无止，以至无限。

# 第十四章 不以兵强天下

士卒涂草莽,将军空尔为。

乃知兵者是凶器,圣人不得已而用之。

当猿进化成人，人类以群居的方式在地球上生存的时候起，战争这种以杀人、消灭对方的野蛮行径便产生了。战争都是因利益而引发，人类对自然资源认识和开发的局限与人类生存所需的物质资源所形成的矛盾，到了自身所在的群落团体无法解决的地步，只能借助战争向别的群落团体抢掠侵占，以满足本群落团体生存所需要。这一引发战争的基本根源一直延续至今，古代与现代战争的差别仅在武器、战争形式和战争手段，战争随着社会的现代而现代，但本质仍是原始的。**人类社会的历史，完全是一部血腥的战争史**。据史料记载，五千年人类历史，没有战争的历史仅仅292年。大大小小的战争有14513次，平均每年要发生三次战争。今天全世界现存的核武器，相当于全人类每人头上顶着数吨TNT炸药心惊胆战地过日子。

老子作为一个思想家，他同样有他的战争观。在《道德经》中，他用三十和三十一两章连续书写了他的战争立场。在第三十章里老子说："以道佐人主者，不以兵强天下。其事好还。师之所处，荆棘生焉。大军之后，必有凶年。善有果而已，不以取强。果而勿矜，果而勿伐，果而勿骄。果而不得已，果而勿强。物壮则老，是谓不道，不道早已。"

这一章的意思是，用道来辅佐一国君主的人，是不靠兵力来逞强天下的。靠兵力强大制服别人的，很容易遭到别人的报复。战争中军队驻扎过的地方，土地荒芜长满了荆棘。大战之后，必定有灾年。所以用兵者只要达到目的就算了，可不敢一再用武力逞强；目的达到了就不要再自高自大，目的达到了就不要再自吹自擂，目的达到了更不要骄横跋扈，要认识到为达到那个目的也是出于不得已，因此，既然已经达到了目的就不必再逞强。大凡事物壮大了，它就会衰老，所以达到目的了还再逞强是不合乎道的，不合乎道的东西，很快就会夭折的。

在第三十一章里老子又说："夫兵者，不祥之器，物或恶之，故有道者不处。君子居则贵左，用兵则贵右。兵者不祥之器，非君子之器，不得已而用之，恬淡为上。胜而不美，而美之者，是乐杀人。夫乐杀人者，则不可得志于天下矣。吉事尚左，凶事尚右。偏将军居左，上将军居右，言以丧礼处之。杀人之众，以悲哀泣之，战胜以丧礼处之。"

这里的兵者是指战争。老子是说，战争啊！是不祥的东西，世上万物都厌恶它，所以有道的人都不会使用它。君子平常都尊左为上，到用兵打仗的时候就以右为上，战争这个不祥的东西，不是君子所要用的东西，到万不得已不得不用它的时候，也是心平气和，达到目的也就算了。胜利了也不自以为了不起，如果自以为了不起，那就是以杀人为乐趣了。以杀人为乐趣的人，人人都会厌恶他，他不可能得志得到天下。吉庆的事情以左边为上，凶事丧事以右边为上，偏将军站在左边，上将军站在右边，这就是说，打仗是依照办丧事的仪式来做的。战争要杀害那么多人，要以悲哀的心情来参与，即使打胜了，也要依照办丧事的仪式来实施。

在这两章里老子态度鲜明地表达了自己的战争观。

首先，反对战争，"夫兵者，不祥之器，物或恶之"。老子在第四十六章中说"天下有道，却走马以粪。天下无道，戎马生于郊"。他说，天下有道，国泰民安，战争绝迹了，战马只好用来耕田。天下无道，战争不断，国乱民忧，连怀胎的母马都要上战场作战，母马在战场上生产。老子反对战争有三个理由：

一是"其事好还"。战争是以武力制服对方，你侵占了别人的领土，杀害了别国的人民，掠夺了别人财物，别人怎么能蒙受这种屈辱，怎么能甘心受辱，怎么能咽下这口气，一定会伺机报复。人家报复了你，你再报复别人，这样冤冤相报，仇恨相沿，没有完结，受伤害最多的还是老百姓。

二是"师之所处，荆棘生焉"。战争不只屠杀生命，而且要破坏自然环境，一场战争除了涂炭生灵，同时会把战场的一切变为废墟，战争幸存下来的人怎么生存？

三是"大军之后，必有凶年"。一场大战过去，战后的恢复不是一年两年的事情。家园的重建，生产的恢复，也不是一年两年就能完成。美国人在日本广岛扔下的那颗原子弹，留下的后遗症残留在70年后今人的身上和心上。所以"故有道者不处"。

其次，战争是万不得已。对万不得已的战争他有四种态度：

一是"兵者不祥之器，非君子之器，不得已而用之，恬淡为上"。战争是魔鬼，真正的君子和最优秀的军事家是"不战而屈人之兵，善之善者也"（《孙子兵法》）。不用交战就让对手屈服，这是高明中最高明的。但是万不得已非打不可，不打不能使世界安宁，那也要用一种恬淡的、心平气和的态度来对待，完全是不得已而为之。

二是"善有果而已，不以取强"。不得已的战争，应该是正义之师，以达到惩罚对方，或教训对方的目的就算了。不应该达到目的了，还再用武力逞强，甚至因为胜利而自高自大、自吹自擂，骄横跋扈，那完全与道背道而驰，这种人，即使一时成就了事业，这种事业也必定会遭夭折。

三是"胜而不美"。仗打胜了，没有什么了不起。假如一个人因为打了胜仗而自以为了不起，那他就成了以杀人为乐趣的杀人狂，成了魔鬼。杀人狂和魔鬼是没有人会喜欢他，也不会有人拥护他，他不可能得志，也不可能得到天下，而只会被人民抛弃。

四是"以丧礼处之"。战争是屠杀人类，一场战争下来，要杀害这么多人，因此参与战争的人，要怀一种悲哀的心情来打仗。即使打胜了，也要依照办丧事的仪式来实施，而不应该像喜事一样来欢庆。欢庆战争胜利，等于欢庆杀人有功。如果能从这一层面去思考战争，怎么还会欢庆打胜仗呢！这不等于喜庆杀人嘛！

# 第十五章 柔弱胜刚强

舌存常见齿亡,刚强终不胜柔弱;
户朽未闻枢蠹,偏执岂能及圆融。

用老子的观点看世界，世界是阴阳的，阴阳是对立的，阴阳又是相生的。相当于现代哲学观点中所说的：世界是矛盾的，矛盾是对立的，矛盾又是统一的。进而是否可以这样说，没有阴阳就没有世界，因为没有阴阳对立，世界便是静止的、僵化的；没有阴阳相生，世界便没有物质，更没有生命。

老子曰："道生一，一生二，二生三，三生万物。万物负阴而抱阳，冲气以为和。"（《道德经》第四十二章）

老子这话的意思是，道的本体（即宇宙、天地）是"无"，"道"生一，即产生一种混沌之气（还不能称为物质）；一生二，这种混沌之气慢慢分化成两种气，即阴阳二气；阴气与阳气不断地交合，产生了第三种气，即和气，相当于围绕地球表面的大气；在和气的调和滋养下，创生繁衍了万物。万物自身亦蕴涵着阴阳对立的冲突内力，这种阴阳在看不见的冲突中得以调和统一，促成万物成长衍生。世界（即宇宙）就是如此形成。

老子的《道德经》里出现了一系列"有无"、"强弱"、"宠辱"、"虚实"、"昭昏"、"吉凶"、"黑白"、"贵贱"、"亲疏"、"祸福"、"刚柔"、"厚薄"、"多少"、"开阖"、"奇正"、"难易"、"长短"、"高下"、"音声"、"前后"等等相对概念，其实都是阴阳的各种方向的呈现。"有无"，"有"为"阳"，"无"为"阴"；"强弱"，"强"为"阳"，"弱"为"阴"，所有的相对概念都是如此。"天地"、"日月"、"男女"也是如此，"天"为"阳"，"地"为"阴"；"日"为"阳"，"月"为"阴"；"男"为"阳"，"女"为"阴"。

阴阳是相对立的，但却又是不可分割的，它们相互对立而作用分化，相互协调而依赖生存。道理简单得不能再简单了，没有天，何为地？没有日，哪来月？没有男，怎谓女？对此，古今中外，认识是一致的，无须赘述。但阴阳相互如何作用，在其对立、分化、运动中谁为主导？老子的观点具有与众不同的独特性，这也是老子的思想不易被所有人接受之原因所在。

　　人们一般认为，在阴阳对立与转化中，阳是主宰，阴是附属；阳为刚，阴为柔；阳为强，阴为弱。老子的观点恰恰相反，他的思维是"反向运动"，他认为天下阴最为坚硬，阴最为刚强，守阴无往而不胜。

　　老子认为，守阴守弱居下是为人的基本品格。老子在第三十九章中说："故贵以贱为本，高以下为基。是以侯王自称孤、寡、不谷。此非以贱为本邪？非乎？故致誉无誉。是故不欲琭琭如玉，珞珞如石。"

　　老子从得道与失道的事实得出结论：尊贵是以卑贱做根本的，高则以下作为基础，因此，侯王自称"孤"、"寡"、"不谷"以示谦下，这不就是贵以贱为根本吗？难道不是吗？所以世上最好的赞誉是没有赞誉，不要贪图像美玉一样璀璨夺目被人重视，应该像石头一样暗淡无光被人忽视反倒踏实。

　　因此，老子在第二十八章中非常明确地表达了自己的处世观点。老子说："知其雄，守其雌，为天下谿。""知其白，守其黑，为天下式。""知其荣，守其辱，为天下谷。"

老子是说，深知雄性的刚强，却宁愿处于雌性的柔弱地位，甘愿做天下的沟壑。深知白昼的光明灿烂，却宁愿处于黑夜阴暗的地位，甘愿做天下的工具。深知荣宠的显耀，而宁愿处卑下的位置，甘愿做天下的溪谷。"雌"、"黑"、"辱"，自然是阴，"守雌"、"守黑"、"守辱"就是守阴守弱居下，甘愿做天下的沟壑、做天下的工具、做天下的溪谷。

老子之所以坚持守阴守弱居下的立场，是因为，他认为柔弱一定能胜刚强。为此，老子用了几章的篇幅，从不同的侧面为自己的处世哲学做了阐述。

老子在第四十三章里说："天下之至柔，驰骋天下之至坚。无有入无间。"

老子说天下最柔弱的东西，能在天下最坚硬的东西中穿来穿去，这个看不见的力量，能穿透没有空隙的实体。这些，大家应该都见过。比如滴水穿石，水腐蚀钢板，水让大坝溃塌，都是随处可见的事实。

老子还在第六十一章里说："大国者下流，天下之牝，天下之交也。牝常以静胜牡，以静为下。"

牝是雌性生殖器，代表雌性；牡是雄性生殖器，代表雄性。老子是说，大国应该像江海一样处在下游的地位，像天下雌性动物一样安静柔弱，成为天下人交往结识的场所。雌性常常以静胜雄性，因为它以安静柔弱居下。

老子认为柔弱是生，坚硬是死。老子在第七十六章中说："人之生也柔弱，其死也坚强。万物草木之生也柔脆，其死也枯槁。故坚强者死之徒，柔弱者生之徒。"

事实的确正如老子所言。人活着的时候，身体是柔软的；人的身体若是僵硬了，那人就死了。万物草木也是如此，草木活着的时候，枝、干、叶也都是柔软的；枝、干、叶若是枯槁脆硬了，草木也就死了。所以，凡是坚硬的东西，都是属于死亡的一类；凡是柔软的东西，都属存活的一类。

老子认为柔弱胜刚强，不是大家不知道，而是大家不愿意这么做。老子在第七十八章中说："弱之胜强，柔之胜刚，天下莫不知，莫能行。"

那么，柔弱如何胜刚强呢？当然，滴水穿石，非是一日之功；水蚀钢板，也非一天所致；水溃大坝，更非一时作为。柔弱胜刚强，靠的是耐力、韧劲和毅力。老子在第三十六章中给了具体的策略和方法。老子说："将欲歙之，必固张之；将欲弱之，必固强之；将欲废之，必固兴之；将欲取之，必固与之。是谓微明。柔弱胜刚强。"

老子说，将要收敛它，必定先让它扩张；将要削弱它，必定先让它增强；将要废弃它，必定先让它兴旺；将要夺取它，必定先给予它；这道理看起来似乎隐微，实际上很明了，就是柔弱胜刚强。

历史上有人看了这段话，说老子是阴谋家，宋代王应麟有话：这是阴谋家的话，范蠡用这个道理以取吴国，张良用这个道理以灭项羽(《汉艺文志考证》)。其实,老子不过集中地概括了自然规律的辩证关系,其理解和应用,只能是因人而异。同样一部《三国》,有人读到的是智,有人读到的是义,有人读到的是权术,道理是一样的。

# 第十六章 死而不亡

知足不辱,
知止不殆,
可以长久。

生死，乃人生头等大事。老子在他仅有的五千多言、八十一章的著述《道德经》中，有五章谈到了生死这件事。

人都想长寿，想长寿自然就怕死。当然，精神分裂症者、抑郁症者、生不如死者除外。从秦始皇命徐福找长生不老药，到今天爱丁堡大学的克隆羊多利诞生，人类其实一直执着地悄悄在做着一个梦——长生不老。从这个角度讲，人想长寿、怕死，无可非议，此乃人之本性。食色为何？食为生，色为乐，活着并快乐而已。从另一个角度看，人不想死，恋世，反过来证明人间美好，生活美好，生命美好。试想，若是人间满世界魑魅魍魉、暗无天日，民众衣不遮体、食不果腹；生命无欲无念、无情无趣、无欢无乐，我想这种人间就无可留恋，这种日子也无可眷念，这种生命也无可珍惜。人间却恰恰相反，人类社会越来越文明，人类生活越来越美好，人们更想长寿不老。自古至今，轻生的人都被视作反常，而老子说出了其中的原因——"民之轻死，以其上求生之厚，是以轻死"（《道德经》第七十五章）。统治者奉养太过奢侈淫逸，致民众不能"甘其食，美其服，安其居，乐其俗"。人们陷于水深火热之中无法生存，才被迫轻视生命。

但是，人总是要死的。孔子说："老而不死，是为贼。"（《论语·宪问十四》）常言道"人过七十古来稀"。尽管《史记》记载老子活了一百六十多岁，他还是死了。但人的寿命有长短之分，有些人死而不亡，虽死犹生；有些人活着如同行尸走肉，虽生犹死。老子说："知人者智，自知者明。胜人者有力，自胜者强。知足者富，强行者有志。不失其所者久，死而不亡者寿。"(《道德经》第三十三章）能够认识别人、知人的，只能算是聪慧；能够认识自己、知己的，才算清明。能够战胜别人的，只可算有力；能够战胜自我的，才称得上坚强。能知足淡泊钱财的，可算是富有；能领悟道而身体力行的，便可算是有志向。以道为本坚守不失的，便可长久；身虽死但精神不朽的，就是长寿。

人生下来从呱呱坠地那一刻起，便在走向死亡。人活着衣、食、住、行、生、老、病、痛，这已不容易，再要不死长寿就更难。老子对这有精辟阐述。老子说："出生入死。生之徒十有三，死之徒十有三，人之生，动之死地，亦十有三。夫何故？以其生生之厚。盖闻善摄生者，陵行不遇兕虎，入军不被甲兵，兕无所投其角，虎无所措其爪，兵无所容其刃。夫何故？以其无死地。"(《道德经》第五十章）这全章的大意是，出世叫生，入地为死。人出生后，能自然长寿的，占十分之三；短命夭折的，占十分之三；本来活得很好，妄动而走上死路的，也占十分之三。什么原因呢？是因为求生欲望太过迫切，生活太过丰厚。曾经听说有善于养生爱护生命的，在深山里行走，不会遇到犀牛老虎的攻击，在军队中打仗，也不曾遭到兵刃的杀伤。犀牛虽凶，对他用不上它的角；老虎虽猛，对他也用不上它的爪；兵器虽锋利，对他也用不上它的刃。这是什么原因呢？是因为善于养生的人，根本就不进入那种致死的境地。

每一个人如何把握这些十分之三，故有其客观原因，或天灾，或人祸，或疾病，在常态下，与自身的保养、处世、为人有直接的关系。前面已经提到过，老子在第四十四章专门作了论述。他说："名与身孰亲？身与货孰多？得与亡孰病？是故甚爱必大费，多藏必厚亡。知足不辱，知止不殆，可以长久。"老子历来主张，名利、财富都不重要，重要的是生命；为了名利，为了钱财，为了满足私欲而不顾生命，太不值得了。人生在世，一要知足，只有知足才能常乐；二要适可而止，无论名利、无论钱财，如果沉溺于此，欲壑难填，最后只能被欲搞得利令智昏，身败名裂，甚至丢失生命。

前面老子已经讲道："天长地久。天地之所以能长且久者，以其不自生，故能长生。是以圣人后其身而身先，外其身而身存。非以其无私耶？故能成其私。"（《道德经》第七章）天地之所以恒久而无穷，是因为它无私；圣人之所以声名久远，是因为他谦让居后；无私的人，结果反而会成全自己。

上古人类吃生食，遂人氏发明了生火，使人们开始吃熟食；有巢氏发明了房屋，使人们免于住潮湿的洞穴；伏羲氏发明了畜牧业，使人们懂得了驯养家畜；神农氏发明了种植，使人们从事农耕种植。他们都连名字都没留下，但他们造福人类的业绩却在千年万代的后人中传颂，永远留在人间。这就是死而不亡。

只要把自己的智慧和精神奉献给了人类，改变了历史，推动了社会的发展，他们的精神就不朽，像尧、舜、禹、周文王、周武王、老子、孔子、孟子、孙武、屈原、李白、蔡伦、毕昇、张衡乃至秦始皇、李世民、成吉思汗、康熙、乾隆、曹雪芹等等等等，这些难以一一细数的圣人、明君、发明者、文豪可以说都是死而不亡之人。秦始皇虽然没找到长生不老药，而且他只活了五十岁，但他结束了列国混战，统一了中国，强行修筑了万里长城，他反成为不朽，名垂史册，万古千秋，人们永远记着他，只怕连他自己也没想到他会如此长寿永生。

我们的大众固然不是圣人，也不可能都能创造不朽业绩名垂青史，但为人在世一生，能明晰"名与身孰亲？身与货孰多？得与亡孰病？"的道理，我想自己的生命会更有意义。

# 第十七章 不言之教

圣人处无为之事,
行不言之教。

我们中国是一个最重视思想教育的国家。

1992年，我去香港参加香港书展，那时香港还在英国管辖之下，当然是地道的资本主义。书展之余，我们去参观商务彩印中心，其中业务部是个一百多平方米的大办公室，二十多名业务人员都在这个屋子里办公。我们几十人突然进入，没有人起立欢迎，也没有人向我们示意，他们仍都旁若无人地在自己四五平方米的小格子里埋头忙着各自的业务，有相当多的人在那里打电话，但大屋里却寂静无声，根本看不到聊天、吸烟、喧哗、做私事、吵架一般打电话那种乱象。我向陪同参观的副总经理请教（他曾在上海新华印刷厂的彩印中心工作），问他用什么办法让手下员工如此自觉卖力地工作。他说，从内地到香港，最深的感受是，内地单位和企业是用嘴管人，香港是用经济制度管人，内地一天到晚开会听报告，搞不完的学习教育；香港企业在员工中倡导什么，反对什么，奖励什么，惩处什么，都体现在工资袋里。

我们说着走进了彩印车间，我发现正常的海德堡四色彩印机一台四个工人操作，有一台却三个人在操作。我问副总那台机为什么只三个人。副总跟我说，其中一个工人被辞退了，他跟剩余的三个工人谈，问他们三个能不能顶起来，如果能顶起来，他就把那个人那份工资分到他们三个人头上，那三个工人说能顶起来。他说这就是他们的思想工作。

如今内地改革开放了，经济也发展了，我们管人的方法怎么样了呢？应该说思想教育似乎也有了非常大的改进。但就整体而言，我们的思想教育仍然沿用着开会、做报告、学习、说教的方法体系，嘴上说得天花乱坠，纸上写得文采飞扬，但社会风气依然如故。党风一整再整，典型一学再学，书和文件一堆堆地发，就是不见成效。问题在哪？法制是一个方面，从思想教育的角度看，尽管我们上上下下平时口口声声强调"身教重于言教"，但实际上无论上层还是下层，说是一套，做又是一套，我们历来重"言教"，而轻"身教"。

两千多年前的老子，对此却持完全相反的主张。老子说："圣人处无为之事，行不言之教。"（《道德经》第二章）"吾是以知无为之有益。不言之教，无为之益，天下希及之。"（《道德经》第四十三章）

圣人是以"无为"的方法来做事，以"不言"的方式来施教。无为，让民众自化，是老子的重要思想。他认为不用语言教导别人，不用表现给人看的行为去做事的好处，天下很少有哪种东西能赶得上。

孔子也曾说："默而成之，不言而信，存乎德行。"

默默地修身而有所成就，不必用语言而能取信于人，依靠的是自己的德行。

"不言而信"与"不言之教"是一个意思。"不言之教"不是"不教"，而在"不言"。不用语言说教来教导别人，而让人明白怎样为人的道理，那就只有用自身行为去感化别人，也就是"身教"。"十年浩劫"已给我们民族太多教训，够我们几代人总结。

我们为何不引以为鉴,换一种思维,听取一下先辈圣人的教诲呢?不妨来个转变,那将会如何?

一、重言教,更重身教。这一点,孔子与老子的观点是一致的。孔子说:"上好礼,则民莫敢不敬;上好义,则民莫敢不服;上好信,则民莫敢不用情。""(《论语·子路十三》)他说居上位的领导者讲礼节,老百姓没有不敬重的;居上位的领导者讲仁义,老百姓没有不服从的;居上位的领导者讲诚信,老百姓没有敢不用真情不说真话的。自己行得正立得正,不发命令,下面会自觉行事;自己不正派、行为不正,即使发了命令,下面也不会行动不会听。长期来,我们一直有重视言教,忽视身教的倾向。报告一讲几个小时,会议一开一周半个月,层层学习,层层贯彻,所用时间难以数计。层层下去检查,层层向上汇报,仍旧是开会、讲话、讨论。究竟有多少成效,上下心里都明白,只是都愿意说好,不愿意说不好;因为上面只愿意听好的,而不愿意听坏的;所以报喜便得喜,报忧则得忧。谁都明白,开会绝对开不出小康社会来,小康社会只有靠大家的双手干出来。同样,良好的社会风气靠说教说不出来,要靠每个人从自己做起才能实现。但我们相当多的人似乎喜欢自欺欺人。

为何大家都重视"言教",而忽略"身教"呢?要害还在"言教"容易,"身教"难。

干部知识化之后,论说,谁都可以夸夸其谈,而且都会说得头头是道,要是嫌中国话不时髦,还可以来几句英语。但是,凡事要干部带头先做起来，尤其要领导干部带头先做起来，就不是一件容易事情。这不仅要能力，还要有精神和品格。那我们为什么在选拔干部这个问题上，不扩大民众的权利呢？应该及早把焦裕禄、孔繁森式的干部尽早推到关键岗位上，不要等死了之后再学习宣传。

二、干部以身作则，言行一致。孔夫子说："其身正，不令而行；其身不正，虽令不从。"又说："苟正其身矣，于从政乎何有？不能正其身，如正人何？"（《论语·子路第十三》）意思是，自己行得正立得正，不发命令，下面会自觉行事；自己不正派、行为不正，即使发了命令，下面也不会行动不会听。

干部的自觉行动是无声的命令，干部自身不正，如何端正别人，这个道理不只孔夫子知道，普通老百姓都知道。

人心都是肉长的，老百姓的心最善良，最容易被感动。2008年5月12日汶川地震，国家领导人身先士卒奔赴抗震救灾第一线关怀灾民，感动了全国人民的心。这就是无声的命令，全国万众一心，抗震救灾，支援灾区，重建家园，感动了我们自己，也感动了世界人民。但是，我们各级领导又如何呢？不出现灾情又如何呢？是不是也能像郑板桥那样："衙斋卧听萧萧竹，疑是民间疾苦声，些小吾曹州县吏，一枝一叶总关情。"是不是以这样的亲民情结为荣呢？

三、教育者先受教育，为人师表。教育者当然包括老师，但不只是老师。我们的大小干部、从事文化艺术和意识形态工作的人都是教育者。

当新闻媒体报道马英九个人捐款20万台币（合人民币5万元左右），接着报道陈水扁等人个人也捐款20万元台币，就这么一则消息，老百姓便交口称赞，可见"身教"的影响威力，这在老百姓心中产生了多大影响？

在这里我不由得想，明星们捐款数额公布了，名牌企业捐款数额公布了，连外资企业捐款也公布了，这些数字的公布，在社会都产生了很大的影响。试想，要是把省部级以上领导干部捐款数额也公布一下多好啊！要是把他们捐款的数额也公布一下，对转变党风，树立党和政府在民众中的良好威望，我看比做十个报告都强。

# 第十八章 上德不德

舍己毋处其疑，处其疑即所舍之志多愧矣；
施人毋责其报，责其报并所施之心俱非矣。

人的任何行为都具有正反两种能量，也就是说，任何好事，也包含反能量的因素；任何坏事也有正能量因素存在，终究哪种能量为释放主导，关键取决于人的行为的出发点。**修身养德，本来是一件极端私人化的内敛行为，从本质上讲，它与外界、与他人没有多大关系**。但人生存在社会的群体之中，人的思想、观念、个性、追求乃至行为，都受到社会、周围人、社会思潮和世风的影响，这往往使个人的行为背离本意、初衷而发生变异，有时甚至做出违心而又无可奈何的事情。归根结底，是人内心的私欲在作祟，而让人身不由己。

比如学雷锋，把个人有限的生命，投入到无限的为人民服务之中，牺牲个人利益，让别人方便、快乐、幸福，这本来是一件非常高尚的事情。但是，当人们发现，学雷锋能当典型，能做模范，能出名，还能平步青云升官；而且，发现和培养这种典型模范的人也成了伯乐，成为功臣，双方同时得名又得利。正由于这种引导和利益驱动，有人便开始为成为学雷锋典型而学雷锋，也有人为成为伯乐功臣而培养制造学雷锋典型模范。犹如老子所说："天下皆知美之为美，斯恶矣；皆知善之为善，斯不善矣。"（《道德经》第二章）老子的意思是说，当天下人都知道美的好处时，必定厌恶丑；都知道善的好处时，都必定会讨厌恶；这样纷争便兴起，诡诈也会产生。

假如把学雷锋做好事当作获取名誉、荣誉，以至谋仕途、达到改变个人地位和命运的手段来做，那就把学雷锋活动引向了歧途，这种行为不但不能净化社会环境，提高文明程度，相反只会出现更多的虚伪、造假现象，把一件高尚的活动变成一种谋取私利的手段，事情就完全走向了反面。为此，我写了长篇小说《兵谣》，同时改编成同名电视连续剧。已经过去十五年了，今天还有人在我博客里留言，问哪里能买到电视剧《兵谣》的盘，家里人很渴望再看。

修身养德，同样存在为己还是为人的问题。对此，老子在第三十八章做了阐述。"上德不德，是以有德；下德不失德，是以无德。上德无为而无以为；下德无为而有以为。上仁为之而无以为；上义为之而有以为。上礼为之而莫之应，则攘臂而扔之。故失道而后德，失德而后仁，失仁而后义，失义而后礼。夫礼者，忠信之薄，而乱之首。前识者，道之华，而愚之始。是以大丈夫处其厚，不居其薄；处其实，不居其华；故去彼取此。"

老子的意思是说，品德高尚的人，他依道行事，不把德行施行给人看，别人看不到他的德，其实他是真正有德之人。品德低下的人，故意把自己的"德"做给别人看，别人看起来他很有德，实际上这种人没有德。高尚品德的人，他顺其自然，无心故意去作为，表面看起来他无所表现；品德低下的人，刻意去作为，表面上大有作为，实际上是故意表现他的"德"。高尚讲仁的人，他虽也有所作为，但都是出于真心真爱，并非故意去表现他的"仁"；称之为高尚讲义的人，他的作为是凡事都较真，故意去表现他的"义"；所谓高尚讲礼的人，当他所表现的礼义节度得不到回应的时候，他就会伸出拳臂来强制别人施礼。所以，失去了"道"之后才需要"德"，失去了"德"之后才显出"仁"，失去了"仁"之后才只好讲"义"，失去了"义"之后才有礼。"礼"这东西，是忠信慢慢变得不足、人心浇薄、社会大乱的开始。所谓的先知先觉者，背离道德，弃失纯朴，这是愚昧的开始。所以大丈夫处世立足淳厚，而不注重虚假的礼节；以朴实为本，远离浮华，所以舍弃浇薄浮华，采用淳厚朴实。

老子独尊"道"与"德"，是因为"道"与"德"顺其自然，反映了宇宙的本源质朴纯真的本质，所谓"替天行道"，实质就是替宇宙即天地的本源本质来行事。老子在第五十一章中对"道"与"德"作了这样的阐明。老子说："道生之，德畜之，物形之，势成之。是以万物莫不尊道而贵德。道之尊，德之贵，夫莫之命而常自然。故道生之，德畜之；长之育之；亭之毒之；养之覆之。生而不有，为而不恃，长而不宰。是谓玄德。"

老子是说，"道"创生了万物，"德"使万物繁衍生息，各事物的本质成为万物的形体，环境使万物生长成形。因此，万物没有不尊崇"道"而珍贵德的。"道"所以受到万物的尊崇，"德"所以受到万物的珍贵，并没有谁来命令强制，它们从来就是让万物顺其自然生长而不主宰万物。所以"道"创生了万物，"德"使万物繁衍生息，成长万物，培育万物，定型万物，成熟万物，滋养万物，保护万物，"道"可称是万物之母，但它不把万物据为己有；生养了万物，而从不自恃其能；长成了万物，而从不做万物的主宰。这叫微妙深远的"德"。

老子在这里强调"上德不德",与他人生哲学整体的思想体系是一致的。"上德不德",核心是做人该如何修德。他主张修德是为己,是出于人的本性,是一个人的品质风格;修德不是为人,不是要做给人看,也不是故意施德于人,求以回报。要把修身养德作为一个人在人格上进行自我修养、自我完善、自我追求的自觉行为,作为一个人对社会、对人类的一种必然态度,应该如此,本该如此,就该如此,必然如此,而不是别的什么。

诚然,"上德不德"主要是对为仕者和士所言,是对有文化、有学问、有专长的人而言,而不是对没有文化的普通百姓所说,实际上老子还是在对"士"劝道。老子在第四十一章中,把"士"对"道"的态度分为了"上、中、下"三个层次,由此进一步引经据典阐明自己的观点。老子说:"上士闻道,勤而行之;中士闻道,若存若亡;下士闻道,大笑之。不笑不足以为道。故建言有之:明道若昧;进道若退;夷道若颣(lèi);上德若谷;广德若不足;建德若偷;质真若渝;大白若辱;大方无隅;大器晚成;大音希声;大象无形;道隐无名。夫唯道,善贷且成。"

老子在这里说,道是客观存在,可说是无处不在,无所不及,但对道的认识和汲取,因人的素质而定。高层次的士听了道,明白道的伟大,主动积极地去照着实行;中层次的士听了道,对道认识不清,道的恍惚让他感觉不可捉摸,感觉似有似无,似真似假;低层次的士听了道,因自身的浅薄而不明白道是什么，竟好笑起来，以为是荒唐玄学。下层次的士对道不笑那才怪，他若是不大笑，这道就不称其为道了。

所以，古人说得好：清明光亮的道，反而好像恍惚含糊似的；激人进取的道，反而好像停滞后退似的；平坦易行的道，反而好像崎岖坎坷似的；高尚的德因为谦和卑下，好像深谷似的。最光鲜明亮的，反而好像有什么残缺受辱似的；广阔远大的厚德，反而好像有什么不足似的；刚健质朴的德行，反而好像怠惰懒散似的；质朴真实的德行，反而好像平庸无所谓似的；最方正的，反而没有棱角；最大器具，反而没有成形；最强的声音，反而难以听到其音；最大的形象，反而看不到全貌似没有形。道幽深而隐晦，没有名称。但是唯有道，善始善终创生万物，并且让万物成长。

说到底，还是第四十章里老子说的那句话："反者道之动，弱者道之用。"老子这话揭示了宇宙的奥妙：**宇宙间万事万物无不是相反对立而存在，老子与别人不同的是，他特别重视负面的、反面的价值和作用**。他承认宇宙是循环往复地运动，但他更注重"反向运动"的逆向运动法则。万事万物在相反相成的反作用中相互影响、相互转化、相互推动。这就是"道之动"的方式和法则。这种"反向运动"是建立在"弱者道之用"的基础之上。"弱"就代表负面、反面。这在《上善若水》和《大智若愚》中已有说明，这里不再重复。需要赘述的是，老子在自然界和人世间找了两个"弱"的代表，自然界是"水"，天下万物，没有再比"水"柔弱的东西；人世间是"婴儿"，人间也再没有谁比"婴儿"更为柔弱。但是"水"的处下、处洼、不争与"婴儿"的淳朴单纯、混沌无知，都和"道"的本质相同。因此，老子反复以"水"和"婴儿"的品质来说明"道"的作用，其用心是让人更具体、更形象、更真实地了解"道"的作用。

# 第十九章　以德治国

> 身不修不可以齐其家,家不齐不可以治其国。

"修身"、"齐家"、"治国"、"平天下",这是儒学推崇的人生四部曲。这四部曲是相互紧密相连的人生修炼的四个层次,是人生追求的四个阶梯。正如《大学》中所言:"古之欲明明德于天下者,先治其国;欲治其国者,先齐其家;欲齐其家者,先修其身;欲修其身者,先正其心……心正而后身修,身修而后家齐,家齐而后国治,国治而后天下平。""所谓修身,在正其心者","所谓齐家,在修其身者","所谓治国,必先齐其家者","所谓平天下,在治其国者"。由此可见,"修身"是"齐家"、"治国"、"平天下"的基础,也可以说是先决条件,身修不好,就齐不了家,更治不了国,绝不可能平天下。

修身,实际是修德。儒家讲"明明德","正心";《大学》开头就说:"大学之道,在明明德,在亲民,在止于至善。"这话意思是,大学问的道理,就是在天下推行光明正大的德行,让民众更新旧的风俗习惯,以达到至善完美的境界。"正心"即端正其心,堂堂正正、光明磊落,而不是居心叵测、蝇营狗苟。

修身修德,老子也讲明,"不自见,故明"。不自我表现,人就清明纯正。自我表现,必定是在私欲的驱使下,表现自己;没有私心和私欲的人,才不会自我表现。老子也讲正心。在第四十九章中他说:"圣人常无心,以百姓心为心。"意思是品德高尚的人治理国家,常常不以自己的意见为意见,而是以百姓的意见为意见,百姓的心就是他的心,也是端正其心。

儒学与道学在这里讲的"心",当然不是指心脏,而是指思想,即通过思索考虑用语言表达出来的立场、观点、意见。对治国先得修身修德这一点,儒道两家倒是一致的。

儒学的观点很直接明了,强调修好自己的德行,才能管理好自己的家,管理好自己的家才能治理好自己的国家,治理好自己的国家才能平定天下。

道学同样强调要以德治国,德行是管理好家庭、治理好国家、平定天下的基础和先决条件,没有好的德行,一切都无从谈起。老子在第五十四章中阐述了与儒家相似的道理。他说:"善建者不拔,善抱者不脱,子孙以祭祀不辍。修之于身,其德乃真;修之于家,其德乃馀;修之于乡,其德乃长;修之于国,其德乃丰;修之于天下,其德乃余。故以身观身,以家观家,以乡观乡,以国观国,以天下观天下。吾何以知天下然哉?以此。"

这一章老子是专门讲述"修德"与"治国"的关系。他让我们从现实生活出发,我们会看到,凡是有形的物体,建立在外面的,往往容易被拔除毁灭;即使捧在手上的东西,也容易失脱;但道德是无形的,它建立在人的心中,所以它不会被拔除毁灭。所以老子在这里说,善于在心中立德的,不会被排除;善于在心中抱持道德的,就不会失脱。抱道建德,子孙会用祭祀的方式纪念他永不中断。抱道建德不只是放在嘴上,而要修行于自身,他的"德"才纯真;把修德落实到全家,他的"德"便一定充裕;把修德实施到一乡,他的"德"必定会长久;把修德贯彻到一国(诸侯国),他的"德"必定会丰盈;把修德普及到天下,他的"德"

就非常普遍。所以，只要修好德，就可以以自身，考察别人；以自家，考察其他各家；以自己之乡，考察其他各乡；以自己之国（诸侯国），考察其他各国（诸侯国）；以眼下的天下，考察过去和将来的天下。我怎么会知道天下这一切的呢？就是因为我抱道建德这个道理。

老子在这里说的"修之于身，修之于家，修之于乡，修之于国，修之于天下"，与儒家的"修身、齐家、治国、平天下"是一个道理。修之于家，就是让道和德落实到全家每一个人，就是管理好自己的家，就是齐家；修之于乡、修之于国，就是要把道和德贯彻到自己的乡、贯彻到自己的国，就是治理好自己的乡、治理好自己的国，就是治国；修之于天下，就是把道和德普及到全天下，让天下人都来抱道建德，就是平天下。

那么身又如何来修？德又如何来建呢？老子第四十九章中说："圣人常无心，以百姓心为心。善者，吾善之；不善者，吾亦善之；德善。信者，吾信之；不信者，吾亦信之；德信。圣人在天下，歙歙焉，为天下浑其心，百姓皆注其耳目，圣人皆孩之。"

老子说，品德高尚的人治理国家，常常不以自己的意见为意见，而以百姓的意见为意见。百姓善良的，我善待他们；百姓中不善良的，我也同样善待他们；这样大家就都会变得善良了。百姓诚实守信的，我以诚信相待他们；百姓中不诚实守信的，我也以诚信相待他们；这样大家就都诚实守信了。德行高尚的人对天下的大众，内敛谦和；治理天下，朴素无欲。百姓都敬仰地凝视着他，如痴如愚地静听他的话。而德行高尚的人把他们当作婴儿爱护。

这就是老子给出的修德治国之法，治理国家不以个人的意见为意见，而以百姓的意见为意见；对天下的百姓不管他善良不善良，也不管他诚实守信不诚实守信，都做到一视同仁。道理说起来简单，但做起来不是那么容易。用今天的话来说，代表最广大人民群众的根本利益，相信群众，依靠群众。我们共产党人从建党的那天起，从每个人入党的那天起，都这么说。但是又有多少人把这真正落实到了实处？有相当多的领导干部，一朝权力在手，不去想怎样更好地维护最广大人民群众的利益，而是一心谋个人的利益；不是相信群众，依靠群众，而只相信自己，不相信别人，一手遮天。反过来说，如果当领导的真的一心一意在为最广大的人民群众谋幸福，真的处处相信群众，事事依靠群众，他必定会得到群众的爱戴。

老子推崇的以德治国的智者是什么样的人呢？他在第五十六章中说："知者不言，言者不知。挫其锐，解其纷，和其光，同其尘，是谓玄同。故不可得而亲，不可得而疏；不可得而利，不可得而害；不可得而贵，不可得而贱。故为天下贵。"老子说，真正懂道有德的智者是只做不说话的，那种好炫耀吹嘘的人就不是智者。堵塞其欲望之孔，关闭其欲望之门；收敛其凌人的锋芒，消除其扰民的纷扰；调和其刺眼的光芒，混同于民间尘俗；这就大同于大道。修德能达到这种淡泊无欲的超然境界，一般人就无法与他亲近，可也无法与他疏远；无法让他得利，也无法让他受损害；无法使他高贵，也无法使他低贱。这种超然的人才是天下最可贵的人。

这种淡泊无欲的超然境界如何修得？老子在第五十九章中这样说："治人、事天，莫若啬。夫为啬，是谓早服；早服谓之重积德；重积德则无不克；无不克则莫知其极；莫知其极，可以有国；有国之母，可以长久；是谓深根固柢，长生久视之道。"

老子这段话的意思是，教育人培养人、修身修德，最好的方法莫过于爱惜精力、节省知识。只有爱惜精力、节省知识，才能在遇到危难之前，及早地顺从于道。及早顺从于道，就是多积德；能够多积德，就没有什么危难不能克服；什么危难都能克服，就无法测度他力量的极限；一个人的力量到了无法测试的程度，就能治理拥有的国家；有了治国之道，就可以确保长久。这就是根深蒂固、恒久永存的道理。

总而言之，修身积德，是治理国家的根本。这与我们常说的"以身作则"、"身先士卒"、"身教重于言"、"行动是无声的命令"是一个道理。

# 第二十章 光而不燿

方而不割,廉而不刿,直而不肆,光而不燿。

人类群落中，真想做恶事坏事的人极少数。大多数人还是愿意做个平常人，渴望社会文明，生活安宁，邻里和睦相处。中国人历来是向善的，除了人的天性之外，这与老子、孔子、孟子这些圣人先知创立修身养性的学说有密切关系，数千年来儒、道、佛的众家学说，一直滋养着中国人的灵魂，支撑着炎黄子孙的脊梁，他们的许多名言至今仍是社会公德的准则。

孟子曾把人的品行分成善、信、美、大、圣、神六种境界，也即人的品格的六个层次。中国人与外国人不同的是，圣与神，也都是真实的人，而不是虚拟的上帝。要社会大众都达到美、大、圣、神的层次显然不现实，但做个善良、诚实、守信的人，可说是大众自律的起码标准，也是社会公德对大众的起码要求。

想做一个善良与诚实守信的人，需要在"立身"和"为人"两个方面加强修养。这两个方面恰恰是儒、道两家修身养性学说追求的不同方向："为人"与"立身"，即"有为"与"无为"。

儒学之经典所论述的五常之道，是仁、义、礼、智、信。五常落实到人的行为上，都表现为主体相对于客体，即自我服务于他人，是一种"为人"和"有为"的行为。仁，要施于别人；义，要行于别人；礼，要献于别人；智，要授于别人；信，要待于别人。离开了客体与他人，一个人的仁、义、礼、智、信，就无法表现。没有这些行为，人也就分不出"君子"还是"小人"。

伦理修养虽然不是道学的重点，但老子围绕"德"、"自保"和"谦退"等立身之道，阐述了一套与儒学不同方向的理论。道学主张:"方而不割,廉而不刿(guì),直而不肆,光而不燿[1]。"(《道德经》第五十八章)意思是说,正直讲规矩但不挫伤别人,有个性有棱角但不伤及别人,直率坦荡但不放肆无忌惮,光明磊落但不炫耀、耀眼。"自知不自见,自爱不自贵,故去彼取此。"(《道德经》第七十二章)强调求自知,而不求自我表现;求自爱,而不自居高贵,舍弃后者(自见、自贵)而保持前者(自知、自爱)。

老子的主张与儒学主张的方向正好相反。儒学是向外,行为施于对方;道学是向内,行为指向自己。老子上面所说的行为,都不是直接针对客体而为,而是注重主体自身的内敛;求自我自省,而不求施予他人;向内反观、静观,不向外追求、显耀。所以道学主张对所有人一视同仁,不分君子和小人,"圣人不仁,以百姓为刍狗"就是这个观点,是一种"立身"的"无为"的境界。

这样不难看出,儒学的修身养性更多地注重"为人",道学的修身养性更多地注重"立身"。前者表现为"有为",后者表现为"无为"。我以为,二者结合起来方为完美。但就修养而论,"为人",必先"立身";"无为"较"有为"更为主动。所以老子说:"失道而后德,失德而后仁,失仁而后义,失义而后礼。夫礼者,忠信之薄而乱之首。"(第三十八章)这番推论,对修身养性的目的更看深一层。

老子在第十三章中专门讲了人如何淡泊名利、不患得失,保持平和心态的立身之本。老子说:"宠辱若惊,贵大患若身。何谓

---

[1] 燿(yào)——耀,过分明亮而刺眼。

宠辱若惊？宠为下，得之若惊，失之若惊，是谓宠若惊。何谓贵大患若身？吾所以有大患者，为吾有身，及吾无身，吾有何患？故贵以身为天下，若可寄天下；爱以身为天下，若可托天下。"

这一章的意思是说，世人名利得失之心太重，所以得到荣宠和受到羞辱都心惊，把得失看得像祸患殃及生命一样重。什么叫得到荣宠和受到羞辱都心惊呢？因为虚荣心本来就是卑下的，得到了它，为之惊喜；失去了它，为之惊恐，所以得失都心惊。什么叫把得失看得像祸患殃及生命一样重呢？我们之所以把得失当作祸患，是因为我们遇事总是考虑到自己，假如我们能忘了自我，我们还有什么忧患呢？所以，只有把天下看得比自己更重要的人，才可以寄以天下的重任；只有愿意牺牲自己为天下服务的人，才可以把天下的重任托付给他。

在第二十八章中，老子更明确地阐述了自己立身的做法。老子说："知其雄，守其雌，为天下豁。为天下豁，常德不离，复归于婴儿。知其白，守其黑，为天下式。为天下式，常德不忒，复归于无极。知其荣，守其辱，为天下谷。为天下谷；常德乃足，复归于朴。"

老子是说，知道雄壮刚强的好处，宁愿处在雌伏柔弱的位置，虚怀落谷，恒久不变的德就不会失散，复归于自然，像婴儿一样单纯。知道清白的好处，宁愿处在黑暗的处所，可以成为天下的法式，永恒的德就不会出差错，复归到广大无穷的境地。知道荣耀的好处，宁愿守在卑污的地位，可以成为容纳污垢的山谷，恒久的德就会充足，复归到质朴的状态。

老子正因为有淡泊名利、不计得失、甘为天下忧这种内敛、内省、甘居卑下的胸怀，他才有周室衰败弃官隐居之举。

现实社会中，可以说绝大多数人不会去做伤天害理的恶事坏事，也不会去兴贪污腐败之风。但是，当社会和周围的人群需要帮助而且自己有能力给予帮助的时候，是冷漠旁观、麻木不仁，还是伸出温暖之手，身体力行，尽自己的一点恻隐之心，给予力所能及的帮助？当面对不良社会风气，仅仅只是指责、牢骚、咒骂，还是认真地思考一下，自己该做些什么？自己又做了什么？

手机新闻上有过一则报道，说一位小伙子，看到一对男女两个人在打一个20来岁的姑娘，抽姑娘的脸。小伙子忍无可忍，愤怒地喊，你们要再打我就打110！那对男女立即扑过来，把小伙子按倒在地上一顿暴打。让小伙子痛的不是伸张正义反挨打，而是周围十几个围观者竟没有一个人出来制止，没有一个人向小伙子伸出帮助之手。他们对那对男女的野蛮恶棍行为给予容忍，实际都成了那对丑恶男女的帮凶！

要大家都去施仁行义，或许勉为其难；但每个人经常反思一下自己，内敛和自省一下自己的言行，这恐怕是不难做到的。做一个赴汤蹈火、舍生取义、光耀千秋的英雄难，但做一个善良、诚实、光而不耀的平民应该人人都有这个能力，只取决于自己想不想做。

# 第二十一章 大国者下流

山不厌高,海不厌深;
周公吐哺,天下归心。

老子在《道德经》里所说的国，与现在我们所说的国的概念有所不同。他处在春秋晚期，那时的中国不统一，处于诸侯割据的时代，每个诸侯都以领地称国。比如老子居住在楚国，孔子居住在鲁国，老子在这里所说的国，实际就是指各诸侯的领地，叫诸侯国。春秋战国时期，诸侯割据，各自为政，自立为王，列国林立，当时秦、韩、赵、魏、齐、楚、鲁、燕、吴、越等等诸侯国有一百余个，比现在的省还小。列国相互兼并，战争不断，国不泰，民不安，老子、孔子、墨子、孟子等思想家、政治家都呼吁反对战争，希望建立一个多民族统一的大国。

孔子与老子处在同一时代，儒学提出的"修身、齐家、治国、平天下"，其中里面的"治国"所指的国，与老子所说的国是一致的，也是诸侯国，要不这一主张在逻辑上就有了问题，既然治了国，怎么还要平天下呢？按照现行的国家的概念，这就成了霸权主义，治自己的国，是为了独霸天下，即霸占全球了。儒家提出的"治国"、"平天下"，就是治理好自己的诸侯封地，吞并其他诸侯国，统一中国。此历史重任由秦始皇得以实现，兼并了所有诸侯国，统一了中国。

老子在第六十一章中也论述了"治国"与"平天下"的关系。老子说："大国者下流，天下之牝，天下之交也。牝常以静胜牡，以静为下。故大国以下小国，则取小国；小国以下大国，则取大国。故或下以取，或下而取。大国不过欲兼畜人，小国不过欲入事人。夫两者各得其所欲，大者宜为下。"

当时的诸侯国有大有小，客观地说，大国无论军事还是经济，都要强于小国，因此，大国兼并小国平天下的几率自然就比小国高。所以，老子在这一章里专门针对大国而言，告诫大国如何与小国相处，授以"平天下"的高招。

老子这段话的意思是，大国要像江海一样，甘愿让自己处于低下的位置（下流，即下游），这样才能像江海容纳百川一样，成为天下的归附。要像雌性动物那样柔弱，要明白雌性动物经常以安静战胜雄性，就是因为它安静甘居卑下。所以，大国要对小国谦下，你谦下待小国，就会取得小国的依赖，进而归附于大国。小国能对大国谦下，就可取得大国的善待。所以，作为大国要以谦下取得小国的信任，作为小国要以谦下取得大国的善待。大国无非是想兼并领导小国，小国无非是想得到大国的善待依附大国。大国小国若想实现自己的愿望，那么就都谦下相待相处，作为大国更应该主动谦下。

对此，孟子在《梁惠王章句下》中也提出了类似的主张。

齐宣王问曰："交邻国有道乎？"

孟子对曰："有。惟仁者为能以大事小，是故汤事葛，文王事昆夷。惟智者为能以小事大，故大王事獯鬻，勾践事吴。以大事小者，乐天者也；以小事大者，畏天者也。乐天者保天下，畏天者保其国。"

齐宣王问孟子，和邻国交往有没有好的方法。孟子告诉他，有。只有有仁德的君主才能做到以大国的身份去侍奉小国，比如商汤侍奉葛伯，周文王侍奉昆夷。也只有明智的君主才能以小国的身份侍奉大国，比如周的太王侍奉过獯鬻，勾践侍奉过夫差。以大国的身份侍奉小国的，是非常大度乐天的人；以小国侍奉大国的，是畏惧上天威严的人。大度乐天的人能够保有天下，畏惧上天威严的人能够保住自己的国家。说法不一样，道理差不多。

老子在这里所表达的大国与小国相互谦下的道理，其实质与当代外交上处理国际关系的基本原则是一致的，现在叫作"和平共处，相互尊重，互惠互利"。这正说明，圣人就是圣人，他与常人的区别在于他所创立的理论超前预见先知，而且带有真理性，经得起时间和实践的检验。

固然，老子的思想有他的局限，他是站在小农立场上反对战争，似乎只要大家相互谦下，一切矛盾就都化解了结，天下就太平了。这有点脱离实际，太异想天开。其原因是，老子只猜度到诸侯们自私、对利益的贪得无厌，为利益而争夺天下。却没有想到历史发展的规律，没想到大国君王平天下的野心里，包含着民族的尊严，蕴含着统一政治、统一经济、统一文化、统一制度推动历史发展的抱负，这种抱负具有时代的先进性。再说，大国与小国之间的利害关系，不是只要相互谦下就能解决，有些利益矛盾的冲突，往往只能用战争的手段来解决；有些政治主张也只能用战争手段来推行实现。

正因为老子的立场带有小农意识，因此，他追求的理想世界也带有不切实际的局限。他在第八十章中给人们描绘的理想世界是这样一幅景象。老子说："小国寡民。使有什伯之器而不用；使民重死而不远徙。虽有舟舆，无所乘之，虽有甲兵，无所陈之。使民复结绳而用之。甘其食，美其服，安其居，乐其俗。邻国相望，鸡犬之声相闻，民至老死，不相往来。"

老子说的理想国家是：幅员很小，人口很少。没有冲突纷争，即使有各种武器也不使用；没有暴政和酷刑，民众用不着冒着生命迁移到很远的地方；虽然有船只车马，也没有机会去乘坐；虽然有铠甲兵器，也没有机会去展示它。使老百姓回到古代用结绳来记事的生活，吃得香甜，穿得漂亮，住得舒适，在简朴的风俗中生活得快乐。和邻国之间，彼此都可以看得见，各自的鸡啼狗叫也听得着，但百姓之间一生到老死也不相交往。

老子所描绘的理想国家，真可以称之为世外桃源，太理想了，带有脱离实际的空想，所以，从他那个时代直至今天，世界上未见有过这样的国家。

但是，老子在这里所提倡的，国与国之间要和睦相处，谦下相待，反对用战争与武力解决国与国之间的争端，过平静的生活是有其积极意义和远见的，他的思想和善良之心到今天都有不可抹杀的现实意义和历史意义。

# 第二十二章 为之于未有

合抱之木,生于毫末;
九层之台,起于累土;
千里之行,始于足下。

成就大事是人一辈子的人生奋斗目标。孔子说"三十而立"，就是勉励人三十岁应该成事立业，他还说"四十、五十而无闻焉，斯亦不足畏也已"。他认为人到了四十岁、五十岁还没有名气的话，这人就不值得敬畏了。成名天下，非有大作为方能。天下父母望子成龙，也是期望子女成就大事业。所以人活在世上，第一件大事是要做事，做成大事。

胸有大志创大业，期望子女成大器，这是好事，用时髦的话说，这些行为释放的都是正能量，这种正能量越多越好。然而，有志者一定要做成大事吗？成就大业是衡量人生价值的唯一标准吗？子女成不成器一定要按父母的愿望行事吗？何为大事？何为大业？各人有各人的理解；父母的愿望再好，那是父母的愿望，子女未必与父母长同样的脑子，父母的期望值再大，能不能成器还在子女自身。再说，做大事，立大业，成大器，这里除了自身素质、能力、才干、机遇之外，还有一个做事立业的方法问题。动机再好，期望再美，没有科学的方法，照样失败，甚至过大于功。

老子有句名言，值得大家铭记，那就是"为之于未有"。这句话出自《道德经》第六十四章。老子说："其安易持，其未兆易谋。其脆易泮，其微易散。为之于未有，治之于未乱。合抱之木，生于毫末；九层之台，起于累土；千里之行，始于足下。为者败之，执者失之，是以圣人无为故无败，无执故无失。民之从事，常于几成而败之。慎终如始，则无败事。是以圣人欲不欲，不贵难得之货。学不学，复众人之所过，以辅万物之自然而不敢为。"

老子在这一章里讲了三层意思。

其一，用通俗的话说，可以叫作"未雨绸缪"。这话出自《诗经·豳（bīn）风·鸱鸮》，"迨天之未阴雨，彻彼桑土，绸缪牖（yǒu）户"，意思是在天还没下雨之前，翻透桑田的土地，修补好门窗，做好下雨的准备。

老子在这一章开头说："其安易持，其未兆易谋。其脆易泮，其微易散。为之于未有，治之于未乱。"意思是说，事物处于安定状态时，容易把持；事物没有变化征兆时，容易谋算；脆弱的东西，容易溶解；细小的东西，容易失散。所以处理一件事情或一个事物，应该在它未发生变故之前的萌芽状态就处理好；要在事态或事物还未混乱之前先把它治理好。反之事情或事物已经处在变化之中，再去把持就比较难；事情或事物有了明显的变化征兆，再去谋算就会非常被动；柔韧的东西，一般难以溶解；巨大的东西，一般也不会散失；一件事情或一个事物已经发生了变故再去处理就会很棘手，事态或事物已经非常混乱了再去治理就可能事倍功半。

其二，用老百姓话说，可以叫作"从头做起"。老子接下来说："合抱之木，生于毫末；九层之台，起于累土；千里之行，始于足下。"合抱粗的大树，是从嫩芽芽一点点长起来的；九层高的楼台，是一筐一筐泥土堆筑起来的；千里旅途的远行，开始于双脚迈出的一步一步。老子的告诫如同老百姓的俗语，"心急吃不得热豆腐","一锹挖不出一口井","一口吃不成胖子",意思是同一的。按照事物的内在规律来说也是如此,急功近利,急于求成,往往欲速则不达,甚至适得其反,让事情夭折,半途而废。这里面说明有两点必须遵循:一是遵循规律。任何事物都有它暗自存在的内在规律,我们做任何事情,必须尊重其规律,不能意气用事,更不能妄动。不按规律办事,必定要遭到规律的惩罚。二是做事要有毅力。凡轻而易举能成功的事情,其价值必定是有限的;有价值的东西,做起来都具有相当的难度。任何科学家发明一项技术,研究出一个原理、定律,见诸成功时往往有其偶然性,但这成功瞬间之前,他所经历的跋涉必定是漫长的、艰难的,有的甚至是倾其毕生精力。

其三,坚持老子的一贯主张,"无为无欲"。老子在后部分说:"为者败之,执者失之,是以圣人无为故无败,无执故无失。民之从事,常于几成而败之。慎终如始,则无败事。是以圣人欲不欲,不贵难得之货。学不学,复众人之所过,以辅万物之自然而不敢为。"这一部分意思是,谁要以有心作为来做事,所为必遭失败;谁要是刻意要把持某件事物,必定会丧失;因此,圣人以无为的心态做事,他就不会有失败;他也无意把持什么,所以也不会有丧失。人们做事,总是失败在快要成功的时候,功亏一篑,这主要是缺乏持之以恒的耐心和毅力。假如结束时能像开始时那样慎重小心,就不会把事情做坏。圣人的欲望就是没有欲念,不稀罕珍贵的东西;他的学问就是没有学问;以纠正众人经常犯的过失，以辅助万物顺其自然发展，而不把自己的意愿强加于万物。

也许因为老子作为一个国家的守藏室史官，面对强大的国家机器、面对至高无上的君主集权，他始终处在一个弱者的地位，因此，他的思想离不开弱者意识的局限。但我们对他反复强调的"无为"与"无欲"要有一个完整的理解。老子的"无为"并不是什么都不做，他是反对以那种"有心作为"的"有为"来行事，那不是做事，而是做给人看，做事不是出于本能和职守，而是卖弄，抱着取悦于人、取信于人而做事。老子强调的"无欲"，也并不是人不能有一点"欲念"，没有一点"欲念"就不是一个健康的生命。老子强调的"无欲"，是不要带着个人欲念、个人目的去做事；那样所做的事就变了方向，不是为社会、为民众做事，而是为自己个人。

老子在第六十三章中对此专门作了论述。老子说："为无为，事无事，味无味。大小多少，抱怨以德，图难于其易，为大于其细；天下难事，必作于易，天下大事，必作于细。是以圣人终不为大，故能成其大。夫轻诺必寡信，多易必多难。是以圣人犹难之，故终无难矣。"

老子说，以道治理天下，把无为当作自己作为的根本，把无事当作自己做事的原则，把平淡无味作为自己施政的状态形象。不计较什么大小，什么多少，无论别人怎样待我，我都以德报怨。解决天下的难事，必定先从容易的地方做起；做天下的大事，必定先从细小的事情做起。所以圣人总是不觉得自己有什么伟大，这反而使他成就大事，成就伟大。往往轻易地随意做承诺，势必造成失信；把事情看得太容易，必定要遇到困难；因此，圣人总是想困难多一点，所以他总不会遇到困难。

老子再一次结合实际，辩证地论述了"有"与"无"、"难"与"易"、"大"与"小"、"多"与"少"、"德"与"怨"的相互对立，又相互转化的关系，提倡人们坚持遵循"无为"、"无欲"、"以德报怨"、"先易后难"、"从小到大"这些道的基本原则。这些原则已经深入民心，成为人们做事的基本要领和方法。所以把老子的思想解读开来，感到格外亲切，是因为这些思想是从民众生活中来，是人类生活经验的结晶，而不是凭空臆想出来。

# 第二十三章　不为天下先

我有三宝,持而保之:一曰慈,二曰俭,三曰不敢为天下先。

老子在这里说的"不敢为天下先",并非我们今天常说的"敢为天下先"之"先"。今天说的"敢为天下先",是范仲淹先生在《岳阳楼记》里那句"先天下之忧而忧,后天下之乐而乐"名言的延伸,是先于百姓遇到忧患而忧,后于百姓快乐而乐,进而延伸到敢于走前人没走过的路,敢于做别人不敢做的事的意思。这个"先"是干在先、行在先、吃苦在先、忧患在先、律己在先、自省在先的一种积极进取的为人做事态度,是敢闯敢干敢于带头的奋进行为。而老子说的是为人的另一个侧面。

老子在第六十七章中说:"天下皆谓我道大,似不肖。夫唯大,故似不肖。若肖,久矣其细也夫!我有三宝,持而保之。一曰慈,二曰俭,三曰不敢为天下先。慈故能勇;俭故能广;不敢为天下先,故能成器长。今舍慈且勇;舍俭且广;舍后且先;死矣!夫慈以战则胜,以守则固。天将救之,以慈卫之。"

老子说,天下都说我推崇的道博大,没有具象的东西可以比拟。正在因为道太博大,所以没有一样东西可与它比拟。假如它真像某一样东西,它早就渺小得不值得一提了。我有三件法宝,一直运用并保持着不失去:第一件是仁慈厚爱,第二件是节约俭省,第三件是不敢自居于天下人之先。仁慈厚爱,就能够勇敢地保护众生;节约俭省,路就会越走越宽广;不自居于天下人之先,反而会得到天下人拥护,成为万物的长官。现在,舍去慈爱,只求勇敢;舍去节俭,只求道路宽广;舍去谦让退后,只求争先抢先,那就死定了。仁慈,如果用于战争,就一定能胜利;

用仁慈之心防守，就一定能巩固阵地；天若是要救助谁，一定以仁慈之心来保卫他。

老子在这里仍是强调他一贯主张的"柔弱、谦让、居下"的为人处世原则立场，这固然有他自身的局限与片面，尤其是后面"夫慈以战则胜，以守则固"，似乎有点夸大其词，不合实际。从战略上讲，以仁慈之心宏观天下对于别国，终究"则胜、则固"从战略上讲是可以理解的，但就战场上的攻防战术而言，只怕是行不通的。你对敌人仁慈，敌人不讲仁慈，你未必能胜、能固。对于强与弱的看法，孔子与老子的看法也不完全相同。

子路问孔子怎样是强。孔子说："宽柔以教、不报无道，南方之强也，君子居之；衽金革、死而不厌，北方之强也，而强者居之。故君子和而不流，强哉矫！中立而不倚，强哉矫！国有道，不变塞焉，强哉矫！国无道，至死不变，强哉矫！"孔子的意思是说，宽容温柔地教导别人、不报复横行无理的人，这是南方的强，君子拥有这种强。兵戈甲胄、枕戈待旦、至死而不疲倦，这是北方之强，刚强的人拥有这种强。所以君子随和而不同流合污，这就是强勇！保持中立不偏不倚，这就是强勇！国家政治清明，主张未能行通而坚持不变，这就是强勇！国家政治昏暗，主张至死不变，这就是强勇！

由此可见，孔子与老子的处世原则立场差异非常大，这也是儒与道的差异。以老子为代表的道学强调"无为"，而以孔子为代表的儒学则强调"有为"；老子以"柔弱、谦让、居下"为做人的最高境界，孔子则以"中庸"为最高境界；老子坚持"柔弱胜刚强"，孔子则认为"宽容而不报无道"仅为南方之强，为君子所有，而无论国家政治清明还是昏暗，坚持不改变政治主张才是真正的强大。

除了这种差异，通读《道德经》，还会明显地发现老子对孔子始终保持批评的态度，而且有些观点可以说是针锋相对、完全对立。比如孔子主张"克己复礼为仁。一日克己复礼，天下归仁焉"。"非礼勿视，非礼勿听，非礼勿言，非礼勿动。"（《论语·颜渊第十二》）颜渊问孔子什么是仁，孔子说，克制自己，使自己的议论行为合乎礼，就是仁。又说，不合乎礼的东西不看，不合乎礼的东西不听，不合乎礼的东西不说，不合乎礼的事情不做。而老子的《道德经》第三十八章似乎是刻意针对孔子的这段话而作，老子说："故失道而后德，失德而后仁，失仁而后义，失义而后礼。夫礼者，忠信之薄，而乱之首。"他说，所以道丧失作用之后才有德，德丧失作用了之后才有仁，仁丧失作用了之后才有义，义丧失了作用之后才有礼。假如真要是由道演变到礼，纯真与质朴也就没有了。礼这个东西呀！是人性由纯朴诚信变得人心浇薄的表现，是天下进入混乱的开始。

从这一点看，老子尽管竭力推崇"谦让、居下"，而对孔子，他却没有贯彻自己的主张。可见老子这样一位伟大的智者、思想家，也难以完全达到"上德"的标准，完全按道的精神自律自己的言行。这种局限和片面，是所处的环境和时代带给他的。

老子在这里提出的三件法宝，从行文风格上似乎与他之前的行文不太一致。之前他的文章偏重理性阐述，而在这章里他慎重地考虑了实际，三件法宝：慈能勇、俭能广、后能先，是一种体恤之情；之前他只推崇"道"和"德"，这里他提出了"仁慈"。其实"慈"与"勇"有些相悖，慈既激发为天下大众勇敢勇为的豪情，但慈又要求勇敢勇为要节制，要适可而止，否则就不会"慈以战则胜，以守则固"。这就需要把"勇"关在"慈"的笼子里，这种相悖恰恰表达了老子对立又统一的一贯思想。

如何更为全面地理解老子"不敢为天下先"的主张，我们读一下《道德经》的第六十六章，似乎更能体察老子的伟大。老子在这一章里说："江海之所以能为百谷王者，以其善下之，故能为百谷王。是以圣人欲上民，必以言下之；欲先民，必以身后之。是以圣人处上而民不重，处前而民不害。是以天下乐推而不厌。以其不争，故天下莫能与之争。"老子说，江海之所以能称为百川溪谷之王，是由于它甘居于众多小溪小河的下游低洼的位置，所以它能称百川之王。因此，假如想要统领天下百姓，必定先要对百姓言语谦虚，自甘卑下尊重百姓；要想位居天下百姓之前，必定先把自己置身百姓之后。所以圣人虽然位居百姓之上，而百姓并没有感觉到有什么负担；他站在百姓之前，百姓并没有感到有什么损害；所以天下的百姓都爱戴他而不厌弃他。因为他从来不跟任何人争什么，所以，天下也没有谁能跟他争高低论输赢。

综上所述，先与后是一对对立的概念，它们与强弱、上下、尊卑、贵贱、曲直一样，体现着老子的辩证思维，而继续坚持他以弱胜强，以柔克刚的基本思想。

# 第二十四章 祸莫大于轻敌

失败的原因是轻敌,轻敌的原因是逞强。

老子的《道德经》谈到军事和战争的有六章，其中第三十、三十一、四十六等三章直接表达他反对战争的立场；第六十八、六十九章是谈用兵，第五十七章涉及军事。反对战争是当时诸子（除法家外）的一致呼声，他们目睹了春秋战国时期的混乱，贪得无厌的诸侯们为了自己永不满足的欲望，频频发起战争，侵占别国的土地、掠夺别国的财物，百余个小国，在战争中大鱼吃小鱼，小鱼吃小虾，最后兼并为七个（秦、楚、齐、燕、韩、赵、魏）大国。这当然是历史发展的必然趋势，也是诸子反战同时寄予的愿望，但是，战争让百姓经受了战乱的灾难，无论战胜国还是战败国，受伤害最重的还是老百姓。这是他们反对战争的基本出发点。

老子一面反对战争，但他又客观地承认战争是不可避免的，也是无奈的，为此，战争也成为他研究和关注的一个不可忽略的问题。除了反对战争，老子也有自己的用兵之道。他在第七十九章中说："用兵有言：吾不敢为主，而为客；不敢进寸，而退尺。是谓行无行；攘无臂；扔无敌；执无兵。祸莫大于轻敌，轻敌几丧吾宝。故抗兵相若，哀者胜矣。"

老子是说，古代兵家用兵曾有这样的说法：我不敢主动发起进攻讨伐别人，只在不得已的时候用兵应战；作战中，我不敢逞强推进一寸，而宁可后撤一尺。这就叫作：虽有行阵，但作战时好像没有阵势可摆；虽有臂膀，但举臂的时候好像没臂膀可举；虽然有敌人，但攻击的时候好像没有敌人可对抗；虽然有兵器，但用的时候好像没有兵器可执。战场上的祸患没有比逞强自以为天下无敌的轻敌思想更大的了，自以为天下无敌会丧失我的三宝（即慈、俭、不敢为天下先）。两军对阵的时候，仁慈悲愤的一方必定取得胜利。

老子实际在讲"哀兵必胜，骄兵必败"的道理。这里的"哀"，有作"爱"的意思，有作"沉痛、悲愤"讲。无论作何讲，它是"不敢为主，而为客；不敢进寸，而退尺"的防御战略，是冷静沉着应战的稳健心态，表面上似乎被动，内里实际完全处于稳健操控的主动地位。何时进，何时退；进多少，退多少，玩于股掌，因势而动，顺势而行，稳操胜券。而"骄"，则是骄横跋扈，目空一切，自以为天下无敌，轻敌妄动，看起来似乎主动，完全是一种无谋划、无战术、不切实际的盲目、冲动的妄为，实际处在被动地位，必败无疑。

因轻敌而遭受挫折的战例举不胜举，现代朝鲜战争中的砥平里血战就是一个很好的例证。我志愿军在横城反击作战，打得美军第二师狼狈撤退，给南朝鲜第八师以重创，于是上下就有点晕，觉得美军王牌师也不过如此。这种盲目的乐观情绪带来的是轻敌思想，导致问题百出。一是敌情判断不准，认为美军在砥平里不到四个营的兵力已经逃得差不多了，敌人所依托的是一般的野战工事，绝对是一块送到中国军队嘴边的肥肉。二是兵力有优势，但协同不得力。战役投入了第三十九军、第四十军、第四十二军三个军的八个团，第四十军的九师负责战场统一指挥，但战前协调会第四十军三五九团团长没来，派来的是政委。而第四十二军的三七五团只派来个副团长。还未开战，炮兵第四十二团马匹受惊暴露了目标，遭敌空袭，不能按时参加战斗，整个战役没有炮火支援，只靠手中轻武器作战。第四十军九师三五六团行动迟缓，没按时到达攻击地点，这个方向进攻出现空当。三是推进走错路，进攻打错阵地。第三十九军的三四三团开始攻击，攻下第一个山头就向师指挥部报告已经打到了砥平里，结果是外围一个叫马山的山头。第四十二军一二六师三七六团犯了同样的错误。接到攻击砥平里的命令后立即行动，迅速拿下挡在攻击路线上的一座小山，把山谷中的一个小村子当作砥平里，集中全团火力，把村庄打成一片火海，驻守美军在暗夜中溃退而去，团长兴奋地向师指挥部报告已经占领砥平里。指挥部核实那村庄是田谷，砥平里在它的东南方向。

因为轻敌，我军完全没估计到，在我部署砥平里战役时，美军总指挥李奇微已经否决了阿尔蒙德撤出砥平里的命令，亲自给第十军下达了作战命令：第一，砥平里的美第二师第二十三团，死守砥平里阵地；第二，第十军以位于文幕里的美第二师第三十八团即刻增援砥平里的第二十三团；第三，美第九军、英第二十七旅和南朝鲜第六师，向砥平里与文幕里之间移动，封闭美第十军前面的空隙。

在李奇微部署未到位前，砥平里已经有二十三团四个步兵营，以及一个炮兵营和一个坦克中队的兵力，总人数达6000人。

轻敌让中国在这个小小的朝鲜村庄注定要遭遇空前惨烈的血战。

砥平里，坐落在一个小小的盆地之中，盆地直径仅5公里，四周是小山：南面最高的望美山标高297米，西南是248高地，西北是345高地，北面是207高地，东北是212高地。美军动用一批又一批飞机轮番轰炸，炮兵不间断地轰击我军攻击方向，炮弹密集到每平方米几十颗之多。鲜血染红的砥平里，几天里，中国军队一拨接一拨发起攻击，参加太平洋战争的美军看到了比当年日军更不惜生命的部队。一百多人的连队往往几分钟后仅剩七八人，战斗到最后的战士与反击的敌人同归于尽。我军阵亡5000人以上，仅四十军三个团伤亡就达1830人，359团3营仅有数人生还。最后无法突破美军防线，继续进攻损失更加惨重，只好撤出战斗。

轻敌的根本原因是逞强，自以为天下无敌。自认为天下无敌者，必定成为天下公敌。天下没有常胜的将军，更没有无敌天下的武士和军队。这不由让人想到三国时的吕布。吕布是位骁勇善战的战将，史上评说他像怒吼的老虎一样勇猛。他擅长骑马射箭，臂力过人，人称飞将军，丁原、董卓、王允、袁绍、袁术、刘备等诸侯都曾利用过他。但吕布有勇无谋，缺乏忠义气概，他仗着一夫之勇，目中无人，横行霸道。投靠丁原，又杀了丁原；认董卓为父，又杀了董卓；投刘备，又打刘备；求助袁术，又悔婚抛开袁术；很快他就失信于天下。这种匹夫之勇，难逃覆灭下场。最后投降曹操，企图凭借自己骁勇再得曹操重用，在刘备的提醒下，曹操下令将其勒死。

军队的将帅如何用兵，如何指挥作战，是战争胜负的重要因素。对此，老子在第六十八章里有专门论述。老子说："善为士者不武；善战者不怒；善胜敌者不与；善用人者为之下。是谓不争之德，是谓用人之力，是谓配天古之极。"

老子说，善于做将帅的，是不逞现勇武的；善于指挥作战的，是不轻易发怒的；善于克敌制胜的，是用不着与敌人交手的。善于用人的，谦虚待人居人之下。这不武、不怒、不与，就是不与人争强斗气的品德。这"为人之下"就是故意发挥别人的能力，是一种四两拨千斤的领导艺术。这与天道相吻合，是自古以来极致的准则。

老子寥寥数语，却道出了作为战争指挥员所应具有的武德，应具备的修养素质，应掌握的"不战而屈人之兵"兵法战术，应实施的用人之道。这就是顺应天道的将帅之道，掌握了这些自古以来一直沿用的将帅之道，才是一个真正的军事家。

# 第二十五章 自知其无知

知人者智,
自知者明。

听孩子说过这样一件事,在课堂上有同学问老师,贾母这么溺爱宝玉,怜爱黛玉,却为什么不成全宝黛的美好姻缘呢?老师不以为然答,这还用问,贾宝玉与林黛玉是姑表兄弟,这种近亲婚姻怎么能成全呢?同学却更疑惑,又追问,那薛宝钗与贾宝玉是姨表兄妹,也是近亲,那为什么要成全他们呢?老师仍不以为然说,本来就是嘛!这么一部反映近亲婚姻的小说,有什么值得大家这么去啃读研究的!全教室的同学哄堂大笑。

学问学问,知识就是靠学和问得来的。问者是求学,答者必须有学才行,这种不学无术的信口雌黄只能出洋相闹笑话。学习知识是研究科学,来不得半点虚伪和骄傲,需要的是诚实与谦逊的态度。对此,老子有深刻的揭示。他在第七十一章中说:"知不知,上;不知知,病。夫唯病病,是以不病。圣人不病,以其病病,是以不病。"

"知不知",前面的"知"是动词,后面的"知"是名词,是前面这个"知"的宾语知识;"不知知"也是如此,前面的"知"是动词,后面的"知"是前面"不知"的宾语。老子这段话的意思是,知道自己无知,或知道自己对某一门知识不懂、不了解、不掌握,而不装懂、不装了解、不装掌握,这是最高明的;不知道自己无知,却自以为自己博学多知,或对某一门知识不懂、不了解、不掌握,却装懂、装了解、装掌握,这是毛病。只有把这种明明无知而自以为有知的毛病当作一种病来看待,这样才不会有这种毛病,才不会闹笑话、出洋相。圣人之所以没有这种毛病,是因为他把这种毛病当作病来对待，所以他没有这种毛病。

对于知识，知就是知，不知就是不知；懂就是懂，不懂就是不懂；这是三岁的儿童都明白的道理。然而，生活中并非如此。自利心是人的本性之一，人有了一定的文化知识，懂得了是非，知道了名利，现实中又存在着名和利，人就同时滋生了虚荣心，就有了诡诈，所以像上面这位老师这种人现实中大有人在。

比如"学而优则仕"，我记忆中，上小学四年级时就听老师说过。老师常拿它来鼓励我们好好学习，而且总在前面加"孔子曰"，或者"孔圣人说"。我们的老师倒是没拿"万般皆下品，唯有读书高，书中自有黄金屋，书中自有颜如玉"来诱惑我们，还是很讲究品位，也很注意时代性。当时老师的解释是："只要学习优秀了，将来就可以做官，可以有出息。"直至今天，无论领导、老师、还是家长，仍常常以此鼓励年轻人、学生和自己的孩子好学上进，期望他们将来成长为国家栋梁、出人头地、耀祖光宗。

研读了《论语》后，我才发现领导、老师、家长们，在解释这句名言时，存在一些偏差。其一，这句话不是孔子所言，而是《论语·子张十九》中第十三自然段，录了子夏的话。《论语》不是孔子的个人语录专著，而是诸子和孔子弟子语录的集锦。其二，应用不全，断句取义；子夏的原话是："仕而优则学，学而优则仕。"本来是一句对仗辩证的句子，拆开单用后半句，破坏了这句话的完整和全义。其三，理解有误差，或用意有偏差。"仕而优则学，学而优则仕。"它的原意用现代语言来说，一般为"做官有余力就去学习，学习有余力就去做官"，或者"官做得好有余力，就学习；学习得好有余力，就做官"。这儿的"优"，不只是"好"，还有"余"的意思，理解成"有余"更合适，它包含了好之后有余力的意思。由此可见，子夏说这句话的原义，不是把"学习"与"做官"当作互为因果的关系，这里的"学"和"仕"，是"研究学问"与"做官"，是两种互为相关的职业，而不是因果关系。他是要劝受众根据自己的能力和实际情况，对"研究学问"和"做官"做出适当的选择，而不是为了将来做官，小时候一定要好好学习。

并非说对古人名言的理解不能引申，不能创新。毛泽东主席就有过这种创新和引申，而且现在被大众接受并广泛应用。那句名言叫"既来之，则安之"。此句源自《论语·季氏第十六》。鲁国相季氏要发兵攻伐鲁国的附庸小国颛臾，给季氏做家臣的冉有和季路去见孔子，说了这件事。孔子对冉有和季路说了这样一段话。

孔子曰："求，君子疾夫舍曰欲之而必为之辞。丘也闻有国有家者，不患贫而患不均，不患寡而患不安。盖均无贫，和无寡，安无倾。夫如是，故远人不服，则修文德以来之。既来之，则安之。今由与求也，相夫子。远人不服，而不能来也。邦分崩离析，而不能守也。而谋动干戈于邦内。吾恐季孙之忧，不在颛臾，而在萧墙之内也。"

孔子告诉冉求（冉有）和仲由（季路），君子最痛恨有意不说自己贪欲，而找些托词，我曾听说过，有国有家的人，不忧虑贫穷，而忧虑财富不均；不担忧民众太少，而担忧境内不安定。因为财富分配均匀，就无所谓贫穷；境内安定，国家就不会倾危。如果是这样，远方的人还不归服，便修明自己的德行来感化他们，使他们自动来归顺。他们已经归顺了，便要尽力保护他们，使他们安居乐业（安宁）。现在仲由和冉求两个相辅季氏，远处的人不归服，又没办法使他们自动来归顺，国家支离破碎，不能够固守；反而还要想在境内挑起战争。我认为，恐怕季氏的忧患不在颛臾，而在自己宫廷里面。

毛泽东他老人家创造地应用这句名言是探望病中的王观澜同志之后写的那幅题词。那是在延安，王观澜同志时任中央农民委员会主任、陕甘宁边区统战委员会主任，因长征途中患肠胃病，到陕北后身体一直很虚弱，工作繁忙，过度操劳，患重感冒休克，住进了延安中央医院。毛泽东冒着深秋寒冷，徒步五六里山路，涉过一条河，从杨家岭来到中央医院看望王观澜。王观澜严重失眠，面容憔悴，头疼难忍。毛泽东亲切地安慰他，嘱咐医院要精心治疗，劝慰他夫人徐明清要放宽心。探望之后，毛泽东仍惦念着王观澜，便亲笔为王观澜写了一幅题词，派秘书送去。题词是：

既来之，则安之，自己完全不着急。让体内慢慢生长抵抗力和它作斗争，直到最后战而胜之，这是对付慢性病的方法。就是急性病，也只好让医生处治，自己也无所用其着急，因为急是急不好的。对于病，要有坚强的斗争意志，但不要着急。这是我对于病的态度。书之以供王观澜同志参考。

毛泽东12月16日（1941年）

毛泽东借用圣人名句，把"既来之，则安之"活用作"既然病了来住了院，那就安下心来养病"，从原意"安排、安抚"引申到"安心"可说是一种创造。这幅题词，广为流传，运用至今，成为对待疾病的座右铭。

中华文化对每个有限的生命和一个人的精力而言是无穷尽的，之所以会有"无知而自以为有知"的毛病存在，一是因为知识博大无穷，人的能力难以掌握；二是缺乏苦读钻研的求学学习精神；三是虚荣心、名利私欲在作祟。关键还在学习的态度。老子也因此而抱有孤愤的心态。老子在第七十章里说："吾言甚易知，甚易行。天下莫能知，莫能行。言有宗，事有君。夫唯无知，是以不我知。知我者希，则我者贵。是以圣人被褐而怀玉。"

老子发现"知我者希"而写了这一章，他的意思是，我的言论很容易理解，也很容易实行，但天下人被私欲蒙蔽，受名利所累，竟没有人能理解，没有人实行！我的言论都有根源，我的行事也都有主导。由于人们无知，所以也就理解不了我。其实理解我的人越少，我的言论则越可贵。所以圣人外面穿着粗布衣衫，里面却藏着美玉。

老子这种悲愤是对当时不学无术现象的不满,别说那时,就今天而言,又有多少人在追求学养?又有多少人研读中华优秀文化呢?

# 第二十六章 民之轻死

水能载舟,亦能覆舟。

一个人活得好端端的，谁愿意死呢？人来到世上，是求生，而且千方百计延年益寿，而不是来找死。要不佛怎会把"死"列为人生的八种苦难之一呢？所以正常的人都非常珍惜生命，都不愿意无辜去死。也有人不想活的，但必定是有原因的，或许因病，或许因灾，或许因冤，或许因仇，或许因债，或许因罪，或许因难，或许因无道。他在这种种因素下，真正活不下去了，活到了生不如死那份上，他才想到死，以一死而百了。

老子在《道德经》的第七十二、第七十四、第七十五等三章里写到了"民之轻死"。民众怎么会轻视生命，而甘愿去死呢？

老子在第七十五章里说："民之饥，以其上食税之多，是以饥。民之难治，以其上之有为，是以难治。民之轻死，以其上求生之厚，是以轻死。夫唯无以生为者，是贤于贵生。"

老子说，人民之所以遭受饥荒，是由于统治者税收太多太重，弄得民众自己难以养活自己，所以才陷入饥荒。统治者总嫌民众难以治理，其实是上面的统治者喜欢有为妄作，弄得民众左右不是不得安宁，怨气满腹，所以才显得不好管理。民众之所以轻视生命，不在乎生死，是因为统治者只顾自己贪生保命而奢侈享乐，弄得民众难以维持生计，所以才轻视生命，不顾生死起来反抗。**因此，统治者恬淡无欲，不看重享乐保养生命的，比特别注重养生享乐的要贤明得多。**

民以食为天。老子在这章里，以民众生存的最基本要求出发，从赋税和统治者奢侈腐败两个方面，阐述了统治者与民众的利害关系，说明了官压民反的道理。

老子在第七十二章又从另一个角度阐述了民之轻死的原因。老子说："民不畏威，则大威至。无狎其所居，无厌其所生。夫唯不厌，是以不厌。是以圣人自知不自见；自爱不自贵。故去彼取此。"

老子这段话意思是，统治者用苛政暴刑威胁迫害民众，如果民众到了不怕这种威胁的时候，那么更大的威胁就要降到统治者身上。所以统治者不要欺压民众，叫民众不得安生，不要阻塞民众的生存之路。只有统治者不欺压胁迫民众，民众才会感觉不到欺压胁迫。因此，圣人只求自知之明，不去自我表现；只求自珍自爱，而不自居高贵。所以聪明的统治者应该舍弃"自见"、"自贵"，而保持"自知"、"自爱"。

哪里有压迫，哪里就有反抗。老子在这章里，从苛政暴刑使民众无法安居乐业、无法生存的角度，阐述了"民能载舟，也能覆舟"的道理，建议统治者学习圣人"自知不自见；自爱不自贵"的品格和胸怀。

老子在第七十四章里进一步用生活中极普通的道理，论述了苛政暴刑不可取的道理。老子说："民不畏死，奈何以死惧之？若使民常畏死，而为奇者，吾得执而杀之，孰敢？常有司杀者杀。夫代司杀者杀，是谓代大匠斫，夫代大匠斫者，希有不伤其手矣。"

老子说，民众饱受统治者苛政暴刑的肆虐，到了不怕死的时候，统治者怎么还能用死来威胁他们呢？假如能让民众处于正常的珍惜生命不愿意死的状态，对那些做坏事的人，把他们抓起来杀掉，那谁还敢做坏事呢？天下有专门惩治坏人、管杀人的机关部门，应该让那种机关部门去杀人，你取代司法机关部门去执行刑罚杀人，那就如同没有木匠手艺技能的人去替代木匠砍木头，很少有不砍伤自己手的。

老子在这里直接对统治者提出劝告，不要以为民众永远那么看重生命怕死，苛政暴刑对被惹恼了不怕死的民众是没有任何威胁作用的。统治者的一个很重要的使命是，怎么能让民众处于正常生活状态，生活得充实而幸福，进而爱惜生命。这样法律对他们才能发挥惩戒作用。即使对民众施行法律，也应该让执法机关部门去执行，假如统治者直接去施行苛政暴刑，去镇压民众，那只会搬起石头砸自己的脚。

也许老子所写的这三篇文章，正是当时社会现实的反映，他看到了统治者施行苛刑与暴政，民众不堪繁重的苛捐杂税的负担，陷入饥荒的，以致不顾生命危险起来与统治者对抗。他也发现了统治者拿苛政暴刑吓唬不了老百姓，老百姓真被逼到无法生存的时候，会奋起反抗。但老子毕竟是周室的官员，避免不了自身的局限，他还是抱着一种温和态度，真诚地给统治者忠告，不要奢侈腐败只顾自己养生，要减少百姓的赋税；苛政暴刑不能让民众驯服，只有懂得治国之道、无私无欲无为的人来治国，民众才能信服，才能拥戴。

# 第二十七章 坚硬如水

> 水唯能下方成海,
> 山不矜高自及天。

"天下莫柔弱于水，而攻坚强者莫之能胜，以其无以易之。"

老子说天下没有比水更柔弱的东西，而攻坚克强的能力却没有能胜过水的，因为没有什么东西能替代它。

就水而言，从它的形态来说，是没有比它更柔弱的了。但水的坚硬、强大，不是老子故意夸大其词，生活中随处可见。屋檐下那些年久的花岗岩阶石，哪一块没有滴水穿凿出的一个个坑眼；钢铁制造的舰船，每年都要上坞涂防锈油漆，可照样被水锈蚀以至使其腐烂；更不必说暴雨、洪水，坚实的岸堤能被钻出管涌，甚至决堤，世间的一切都会因此而土崩瓦解，人或为鱼鳖。回顾一下历史上洪水给人类带来的灾难，回忆一下1998年抗洪的艰难和付出的代价，水的力量之强大就不言而喻了。常言道水火无情，水灾与火灾对人类来说，是危害最大的两大灾害。

《道德经》第八十一章五千余言，老子用了十章的篇幅论水和柔弱的品格。老子赞赏水、坚持水是天下攻坚最强者，并非意气用事，老子的这一观点，源自于对水的品格的细致观察。"水善利万物而不争，处众人之所恶，故几于道。"（《道德经》第八章）他说水滋养万物而不与之争利，流注停留在人人厌恶的低下的地方，所以它本性接近于道。

世间的一切动植物，离开了水，都无法生存，它是万物的生命之源；水对生命如此重要，但它只是付出，只是给予，而从不讲求条件，也不向自然索取回报，真正与世无争。常言道，人往高处走，水往低处流，水甘居低下，不灌满坑洼不往前走。水具有滋养万物、与世无争、甘居低下这三大特性，所以老子称它接近于道的本性。

老子称赞水的品格，是为了把玄妙的"道"的理论具体形象化，借水的品格来喻"道"，其实目的是阐述他"守弱居下"的为人处世的立场，这是老子人生哲学的核心。"守弱居下"是道学的处世哲学，"中庸之道"是儒学的处世哲学，为了进一步理解老子的这一处世哲学，我们不妨把它们作一比较。

所谓中庸："喜怒哀乐之未发，谓之中；发而皆中节，谓之和。中也者，天下之大本也；和也者，天下之达道也。"（《中庸》）中庸之道在这里被奉为修心养性的最高境界。这话的意思是，喜怒哀乐还没有发作出来时，这种状态就叫作"中"；发作出来而都能节制在合乎礼仪的程度，这种状态就叫作"和"。中是天下事物的根本，和是天下通达的原则。

老子说："弱者道之用。"（《道德经》第四十章）老子确认守弱居下是道的功能。

中庸之道的核心是守中，不偏不倚，不上不下，不左不右，不前不后，不高不低。对两极不露锋芒，不做任何一端的对立面，主张和为贵。其实这种抱着调和矛盾的入世态度是十分被动的，真正做到守中是很难的。孔子说："中庸其至矣乎！民鲜能久矣。""道之不行，我知之矣；知者过之，愚者不及也。道之不明也，我知之矣；贤者过之，不肖者不及也。"又说："道其不行矣夫！"（《中庸》）孔子说，中庸之道达到了人的思想的最高境界了，民众是很少能够做到的，这已是很久了。他还说，中庸之道所以不能够施行，我是知道的，聪明的人做过了头，愚蠢的人做不到；中庸之道所以不能够倡明，我是知道的，贤能的人做过了头，不贤能的人做不到，孔子很清楚，中庸之道是很难施行的，聪明和贤能的人会做过了头；愚笨和小人做不到。又说，中庸之道怕是不能施行了。

守弱居下则是处下、甘居卑下、谦让退后。居下退让，并不是遁世，也不是厌世，更不是避世，而是敢于面对世俗，心甘情愿地立于弱、处于下、甘于贱。正如庄子在《知北游第二十二》中与东郭子那段对话所言：

东郭子问于庄子曰："所谓道，恶在乎？"庄子曰："无所不在。"东郭子曰："期而后可？"庄子曰："在蝼蚁。"曰："何其下邪？"曰："在稊稗。"曰："何其愈下邪？"曰："在瓦甓。"曰："何其愈其甚邪？"曰："在屎溺。"东郭子不应。

庄子坦直地回答了东郭子"道"在哪里的疑问，他说在"在蝼蚁身上"、"在杂草中间"、"在砖瓦里面"、"在屎尿里边"，卑下得让东郭子再不好开口。

由此可见，儒学推行的"中庸之道"，教人为人处世的态度是含糊的，凡事都要人选择，让人为难。因为任何事物都包含正反两个方面的因素，保持"中庸"就得不偏不倚。于是，人凡遇事都处在摇摆不定的选择之中。人对任何事情都有自己的思想、立场和观点，要做到不偏不倚，是强人所难，可以说根本做不到。就像"文革"期间，那些自称既不当"造反派"，也不做"保皇派"的中间"逍遥派"，结果没有一个是真正的"中间逍遥派"，都有自己的观点与立场，早倾向到某一派去了。所以，连孔子本人也承认"道其不行矣夫！"

道学推行的"守弱居下"，教人为人处世的态度是明确的，不需要选择，直截了当要守弱，要处下。如同水往低处流一样，不需要做什么选择，更不用谁去引导，哪里低洼就往哪里流。就算人为地把水抽向压向扬向高处，水即使上了高处，仍是要往低处流，向洼处渗，这是不可改变的。

所以，《道德经》中凡遇高下、强弱、刚柔、长短、贵贱、雄雌、智愚等取舍时，老子都主张取后者，处众人之所恶。这种表面看来消极的态度，其实是一种立场。柔弱如同水一样，平时看，它平静、柔弱、处洼处下，为万物奉献自己的所有。但这并不意味着水没有力量，也并不表示柔弱只是弱，而没有刚强。在平静、柔弱的表面下，水其实每时每刻都在做着一件事，叫积聚。当涓涓细流汇成江河湖海之时，水的力量便不可阻挡，可以说天下无敌手，没有什么可以与之相比拟。所以老子主张守弱居下，其实质是隐含挑战，是以逸待劳、后发制人的积极入世超凡脱俗的智慧。

老子的这一观点体现着唯物的辩证思维，是他对大自然长期观察，归纳总结出来的一条原理。老子坚信天下水最坚硬，水最刚强，是他对自然规律的发现。但他对现实还是倍感遗憾，老子说："弱之胜强，柔之胜刚，天下莫不知，莫能行。"（《道德经》第七十八章）他说弱能胜强，柔能胜刚，天下没有人不知道这个道理，但就是没有人照着做。

在当今优胜劣汰，弱肉强食，适者生存竞争激烈的时代，让他像水一样坚硬，有人可能会嗤之以鼻；要他"守弱居下"，他可能会觉得好笑。人们对这种弱道哲学之所以从心理到观念上难以接受，是因为人们难以做到"无私"、"无欲"，这正是人的人性和心理弱点的反映，正说明需要修炼。

# 第二十八章 为而不争

天之道利而不害,
圣人之道为而不争。

道是什么？《道德经》第一章开头就说了："道可道，非常道"，道是"混沌"、是"恍惚"、是"无状之状"、是"朴素"、是"自然"、是"天地之始"、是"万物之源"、是"无形"、是"无象"、是"无色"、是"无味"、是"宇宙规律"，是什么，又不是什么，看不见，听不到，摸不着。道是精神的，同时又是物质的。总而言之，道无道，无法用语言说清楚。

但是，老子提出的"道"，其内涵博大精深，其价值深远广大、无与伦比是世界公认的。他的"天道观"学说，是对历史和中国哲学的重大贡献，它让人们开始从宗教、神学中慢慢摆脱出来，开创了认识宇宙认识自然的新纪元。可以说《道德经》是一部哲学著作，为后人认识宇宙认识自然提供了全新的理论。

老子在《道德经》的第九、第七十三、第七十七、第七十九、第八十一等五章中所说的"天之道"，倒不是研究宇宙总规律的"天道"，而是以体现"常道"的内涵来阐明治国、为人、处世的道理——为而不争。

老子在第九章里说的"天之道"是讲"功遂，身退"的人生自然规律。我已在《顺其自然》里表达了自己的理解和学习心得。老子在这一章里，用"盈"、"锐"、"满"、"骄"四个字，概括了违背"天道"的四种不足取行为。提出顺应规律，"功遂，身退"的观点。"功遂，身退"是能上能下，能伸能屈，自控盈缩，进退自如，遵循客观规律的自然法则，如果人能遵循这个法则，就不可能出现"盈、锐、满、骄"这四种不良行为。这里不再重复。

老子在第七十七章里说的"天之道"是讲"天之道"与"人之道"的差异。老子说:"天之道,其犹张弓欤?高者抑之,下者举之;有余者损之,不足者补之。天之道,损有余而补不足。人之道,则不然,损不足以奉有余。孰能有余以奉天下,唯有道者。是以圣人为而不恃,功成而不处,其不欲见贤。"

老子的意思是,天的"道",犹如射箭拉弓一样,举得过高了就把它压低一点,举得过低了就把它举高一点;弓拉得太满时就减一些力量,弓拉得不满时就加一些力量。天的"道",就是减少有余的,用来弥补不足的。(但现实之中)人的"道"却不是这样的,相反在压榨不足的,用来供给有余的。谁能把有余的提供给天下所需的,只有得"道"的人才能做到。所以圣人帮助了万物而不自以为是自己的德能,有了功劳而自己不居功,不愿意向天下表现自己的贤能。

老子在这一章里以极普通而大家常见的生活现象拉弓射箭来比喻"天道"的作用,提出了"减余"而补"不足"的道理;同时一针见血地指出现实的统治者施行的所谓人道,与"天道"恰恰相反,在做着"压榨不足"而供给"有余"的勾当。进而规劝统治者向圣人学习,应该"功成而不处,其不欲见贤"。

老子在第七十三章里讲的"天之道",是讲"敢"与"不敢",实质是"刚强"与"柔弱"两种勇敢的区别。老子说:"勇于敢则杀,勇于不敢则活。此两者,或利或害。天之所恶,孰知其故?天之道,不争而善胜,不言而善应,不召而自来,繟然而善谋。

天网恢恢，疏而不失。"

老子是说，当勇表现为胆敢为所欲为，逞强而不顾一切的时候，就会遭杀戮；当勇表现为不敢胆大妄为，谨慎柔弱的时候，反能有生存活路。这两种勇敢，勇于不敢的得利，勇于敢的遭害。天为什么厌恶勇于敢的人，谁能明白其中的道理呢？连圣人都难说得清楚。守住天的"道"，不争强好胜反而善于获胜，不说教反而善于得到回应，不号召反而会有人自动来归顺，谨慎地三思而后行反而谋划周密。天道的作用就像一张巨大的网，网眼虽然稀疏，但没有东西能被遗漏。

老子在这章里实际仍在重申他"柔弱胜刚强"的观点，但他把这一观点引申到"天道"的作用来看待，"勇于敢"是逆"天道"而行，必遭失败；"勇于不敢"是顺"天道"而行，反而前途广阔。进而告诫人们，"天网恢恢，疏而不失"的道理。如同佛眼通天，纵使孙悟空一个跟斗能翻十万八千里，那也翻不出如来的手掌心，道理是一样的。

老子在第七十九章里讲的"天之道"，是讲"司契"与"司彻"的本质区别。老子说："和大怨，必有余怨，安可以为善？是以圣人执左契，而不责于人。有德司契，无德司彻。天道无亲，常与善人。"

老子说的意思是，调解重大的仇怨，即使双方和解了，但总还会有余怨藏在各自的心里，这种调解怎么能称得上是最好的善行呢？所以圣人待人，就像拿着左契，只凭契约的依据收付，而不强迫人家给付。有德的人待人，就如同拿着左契的人，凭据收付，非常客气从容；无德的人，却像司彻人，即掌管税收的人收税一样强行索取。天道是没有偏私的，永远帮助善行的人。

老子在这章里实际在阐明何为善行。调解别人的矛盾仇怨是做善事，但不能算最好的善行；最好的善行并非只是给予施舍，像手拿左契的人，凭据收付而不索取也是善行。欠债并没有什么错，是光明正大的事，回收债务，应该平等真诚以待，一切按契约行事从容行事，就是一种善行。"司契"与"司彻"是有本质区别的。"司契"是持契人在履行诚信，凭契据办事，非常尊重对方，做事也非常从容。"司彻"是古代贵族对农民按成收租的制度，向农民收缴赋税，进行剥削。做事盛气凌人，斤斤计较。天道绝不会帮助这种人，而常常帮助行善的人。

老子在第八十一章（即《道德经》最后一章）里讲的"天之道"，运用辩证思维讲了"现象"与"本质"的关系。老子说："信言不美，美言不信。善者不辩，辩者不善。知者不博，博者不知。圣人不积，既以为人己愈有，既以与人己愈多。天之道，利而不害；圣人之道，为而不争。"

老子说，真话往往不漂亮，漂亮的话往往不是真话；有德的善人往往不巧言善辩，巧言善辩的人往往缺德不善；智者或有真知灼见的人，不一定知识广博；看起来好像知识广博的人，不一定是智者或有真知灼见；圣人没有私心，什么都不保留，尽一切可能帮助别人；自己反而更充实；他把一切给了别人，自己反而更富有。天的"道"，只有利于万物，而不会对万物有任何伤害；圣人的"道"，只付出施予，有作为而不与人争斗。

老子在这章里讲的"信"与"美"的辩证关系，实际是说"真"与"美"的关系，有的表面是美的东西，不一定是真实的东西；真实的东西，表面上往往不一定美。"善"与"辩"的关系，实际是说"真善"与"伪善"的表现，真善有德的人往往不会巧言雄辩，而巧言雄辩的人很可能是伪善失德的人。"知"与"博"同样如此，真知不一定要博学，博学不一定有真知。这一章也可以说是体现了老子的辩证思想，是对全文的总结。最后他还是发出忠告，圣人为什么会效仿道的精神"利而不害"，是因为圣人德高，他"为而不争"。

统观全文，"为而不争"是老子所倡导的"天之道"的核心思想，也是贯穿《道德经》全书的主题。"无为"、"无事"、"谦卑居下"、"处柔守弱"、"功遂身退"、"生而不有，为而不恃，功成而弗居"、"不自见，不自是，不自伐，不自矜"、"复归于婴儿"、"大成若缺，大盈若冲，大直若屈，大巧若拙，大辩若讷"、"光而不耀"等等等等，归结起来就是这四个字：为而不争。

# 第二十九章 返朴归真

唯大英雄能本色,
是真名士自风流。

朴与真，其实是同义词。

朴，《辞源》中注，一、未经加工的原材料。马融云："未成器也。"汉代王充在《论衡·量知篇》里说："无刀斧之断者谓之朴。"二、本真、本性。老子："见素抱朴，少私寡欲。"吕氏春秋论人："故知知一，复归于朴。"注："朴，本也。"两层原义，即未加修饰的原始状态、本质、本性就是朴。

真，《辞源》中注第一义为本原，本性。老子："窈兮冥兮，其中有精，其精甚真。"庄子秋水："谨守而勿失，是谓反其真。"无论是道学还是今义，本来面目、本原、本性即是真。

返朴归真，今义是除去外部的修饰，恢复质朴的本性与自然面貌。由此可见，返朴归真就是返归朴真，返归本原本性。

《辞源》对朴与真含义的注释，均以老子《道德经》中句为例证，足以证实近代典籍对朴与真在汉语言中的运用，是以老子确定的词义为规范。就为人而言，追求人生的朴与真，是老子的基本立场，这一立场贯穿《道德经》的全篇。

老子在《道德经》中前后七处讲到朴。他在第十五章中说："敦兮，其若朴，旷兮，其若谷，混兮，其若浊。"意为敦厚老实啊，像没有雕琢的原材料一样质朴；胸襟旷达啊，像深川幽谷一样宽广；豁达包容啊，像江海容纳百川浊水一样大度。在第十九章中说："见素抱朴，少私寡欲。"强调行为纯真，内心质朴，减少私心，扼制欲望。在第二十八章中说："为天下谷，常德乃足，复归于朴。朴散则为器，圣人用之，则为官长，故大制不割。"

意思是说人若能有愿为天下溪谷的胸怀,恒久的德就会很充实,回归到质朴的自然状态。质朴要是被破坏散失便成了具体的器具,圣贤若保持住了质朴,就能成为百官之长,所以,完善的大的体制是一个整体,相互不是勉强凑成,是不可随意割裂的。在第三十二章中说:"道常无名,朴虽小,天下莫能臣。"他说道永远是无名的,道虽然微小,但天下没有谁能指使它让它称臣。在第三十七章中说:"将镇之以无名之朴。镇之以无名之朴,夫将不欲。"我将用道的"无名之朴"来制止私欲。用"无名之朴"制止了,万物也就没有私欲了。在第五十六章中说:"故圣人云:我无为,而民自化;我好静,而民自正;我无事,而民自富;我无欲,而民自朴。"所以,圣贤说:我无为,百姓就自然化育;我喜欢安静不自我表现,百姓自然纯正;我不造事扰民,百姓自然富足;我无私无欲,百姓自然淳朴。

老子还在另三章中阐述了真。在第二十一章中说:"窈兮冥兮,其中有精;其精甚真,其中有信。"道是那样深远昏暗啊,深远昏暗之中却蕴含着精气,这精气是真实的本性,是可信的。在第四十一章中说:"建德若偷,质真若渝。"强健之德的人,外表好像怠惰;质朴纯真的人,看起来仿佛空虚。在第五十四章中说:"修之于身,其德乃真。"拿这个原则来修身,他的德必定是真实纯朴的。

老子在阐述道与人的自然本性时,给朴与真借用了一个可觉可感的具体真实形象作参照,那就是婴儿,亦称赤子。他在第

十、第二十、第二十八、第五十五章中分别用婴儿、赤子作为朴与真的象征。在第十章中说:"载营魄抱一,能无离乎?专气致柔,能婴儿乎?"魂魄坚守着道,能不离开吗?任凭生理导致柔弱,能像婴儿一样吗?第二十章中说:"我独泊兮,其未兆,如婴儿之未孩。"唯我淡泊啊,心里没一点激动,像还不会发笑的婴孩。第二十八章中说:"为天下溪,常德不离,复归于婴儿。"能够作为天下的沟壑,恒久的德就不会失去,回归到婴儿一样质朴纯洁。第五十五章中说:"含德之厚,比于赤子。毒虫不螫,猛兽不据,攫鸟不搏。骨弱筋柔而握固。未知牝牡之合而朘作,精之至也。终日号而不嗄,和之至也。"含德深厚的人,好比无知无欲的婴孩。蜂蝎等毒虫不蜇刺他,猛兽不攻击他,恶鸟不抓他。他筋骨虽还柔弱,但小拳头握起来很紧。不懂得男女交合之事,但他的生殖器却常常勃起,这是精气充足的原因。一天到晚哭叫,他的嗓子却不哑,是因为他血气平和所致。

所谓婴儿赤子,实指人之初。<mark>在老子心目中,刚出生的婴儿无知识、无语言、无欲念、无意识,是人最纯洁、最本真、最原始的状态,接近于道,所以老子以婴儿为朴与真的象征。</mark>此后,无论孟子的"人性本善",还是《三字经》的"人之初,性本善",都是对老子这一观点的传承与诠释。

返朴归真,是一种人生境界的追求。研读老子,不难发现道学与儒学在人生观、价值观上的差异。《大学》可说是对儒学精髓的凝练阐述,在这里儒学的全部思想归结为"修身、齐家、治国、平天下"。这九个字高度概括了个人与家与国与天下的关系。《大学》中是这样论述的:"古之欲明明德于天下者,先治其国。欲治其国者,先齐其家。欲齐其家者,先修其身。欲修其身者,先正其心。欲正其心者,先诚其意。欲诚其意者,先致其知。致知在格物。""物格而后知至,知至而后意诚,意诚而后心正,心正而后身修,身修而后家齐,家齐而后国治,国治而后天下平。"这一番论证鲜明地表明,修身齐家,其实是为了做官,做官治理国家是为了平定天下。入仕做官,用自己的治国方略治理天下,这是儒学所倡导的人生最高价值,也是人生最辉煌的终极目标。因此,孔子周游列国,四处游说谋官,虽处处碰壁,终生不得志,但足见其心志。所以他一生是在"可以仕则仕,可以止则止,可以久则久,可以速则速"(《孟子》公孙丑章句上)的选择中开始,也在这个选择过程中结束。

道学则不然。老子主张"功成,身退",并视此为"天之道"。老子不只是把他这一思想理念融进自己的著作,而且他一生也为此身体力行。仕途、功名在他面前失却了应有的光环与诱惑力,或许他还视仕途如粪土。老子见周室衰败,他连守藏室史官(相当于今天的国家图书馆馆长)都不愿做了,弃官出关当了隐士。庄子全面继承了老子的学说,逍遥飘逸得有过之而无不及,他把梁国的相位比作腐烂的老鼠。楚王派人请他出山做楚相,他却让他们回去告诉楚王,他不愿意像那只死了三千年的神龟那样被供在殿堂之上死后名骨,而愿意拖着尾巴在泥塘里活着。

老子提出"复归于朴",是鉴于人性的可塑性。人来到世间,会受到名、权、利、禄、财、色、食、睡的种种诱惑,再加上经受生的苦、老的苦、病的苦、死的苦、爱别离的苦、怨憎会的苦、求不得的苦、五阴炽盛的苦等种种苦难的折磨,人的本性便会慢慢被异化,不觉不悟的人便渐渐受眼、耳、鼻、舌、身、意的左右,导致贪、嗔、痴、怨、疑、慢六根不净,从而远离朴与真,以致丧失本原本性,所以老子才提出返归、复归朴真的劝导。与孟子同是孔子的私淑弟子的荀子之所以跟孟子针锋相对地提出"人性本恶"的观点,并非强调人之初性本恶,他只是认为自利之心人皆有之,人的善行或恶行,都是后天对自利心克制还是放纵而人为所致。孟子主张人性本善,性恶是后天受欲望驱使而变异,强调修身的重要;荀子主张自利之心天生就有,善行是人为所致,强调修身积善的艰难;其实,二人的观点是殊途同归,最终目的都是劝导人重视自身的修心养性。

**万祸欲在先,人远离朴与真的万恶之根在于欲。欲之于朴与真,如同雾霾之于生命。**两千多年前人世间的人远离朴与真已为老子所关注,并发出复归于朴的呼吁和规劝。两千多年后的今天,用世风日下,道德沦丧,腐败猖獗来形容现实,似乎不足为奇,不足为怪了。中国共产党作为执政党统治中国不过六十五年,一个以贪污腐败为特征的新剥削阶层已经形成,这些穿着人民公仆外衣的贪官污吏腐败的胃口和贪占的不择手段,可以令当年的地主老财和奸商资本家惊愕胆寒。他们贪占挥霍人民群众和纳税人的血汗，金钱的数额以千万、亿计。上行下效，当官的贪污腐败，老百姓便坑蒙拐骗偷盗抢占，全民腐败成为社会病态的毒瘤。

在这样的社会背景下，我一个人微言轻的文人，在这里虔诚地呼喊返朴归真似乎有点螳臂挡车的可笑，与现实的反差也似乎悬殊，或许有人会嘲笑我这书呆子太呆了。是的，从哲学的角度讲，朴与真，永远只能是相对的，而奢靡与虚假则是绝对的。返朴归真必定只能是一种提倡，在法律严酷无情的威胁警示下，人们沉沦的心灵尚且麻木到不能觉醒以致铤而走险顶风作案的程度，这样一种和风细雨的提倡对那些欲念炽烈的人能起什么作用可想而知。但我坚信，只要世界存在，人类不灭，事物本性与本来面貌是一种客观存在，事物的本质永远是本质，修饰或伪装永远只能是修饰伪装，它永远无法取代本质。即使本质遭到严重的污染或腐蚀，本质总归还是本质，它代表着生命的方向，也代表着广大民众（也包括那些贪污腐败分子在内）的本性愿望。奢靡和虚假与人性的本质是永远对立而不相调和的，只要人的良知与本性还没有完全泯灭，我们完全有理由期待，朴与真的自然魅力必定会诱发更多心灵之美的复苏与回归。

# 跋：颠覆惯性的模式化思维

我是一写小说的，既非研究人员，也非国学老师，怎么研究起老子来了？孔夫子有句名言："古之学者为己，今之学者为人。"（《论语·宪问十四》）。我研读老子，倒确是为己。

我读老子为己，是想把小说写得好一些。写了30多年小说，多少开了一点小窍，有了一点小小的体会。小说要写好，作者的知识得广博。这就是我们常说的，一碗水、一桶水、一缸水、一潭水与一盅水的关系。世上最不能接受的是一瓶子不满，半瓶子晃荡。不能说读老子就广博，但起码可以让自己丰富。这是其一。其二，想把小说写好，先得把哲学学好，哲学学不好，小说一定写不好。长篇小说是写人生命运，是写史，人物、故事、结构、长度有它的内在要求。之所以有的人写得龙头蛇尾；有的写得有头无尾；有的写得像泡在染缸里的花布，看起来花里胡哨，结果拉起来一条，放下去一摊，没有骨架；有的写得像孕妇，两头细，中间鼓着个大肚子；有的写得像上世纪初老太婆的裹脚带，又臭又长。凡此种种，窃以为，都是哲学没学好的缘故。

哲学要没学好，首先眼力不行，看什么都隔着一层雾，看不清穿不透。往往看到了脸，看不见屁股；看到了树，看不见森林；看到了洞房花烛，看不见起诉离婚；看到了百日喜宴，看不见遗体告别。其次是思维不行，惯于由此到此，难以由此及彼；惯于由人到人，难以由人至狗；惯于由仇到恨，难以由仇至爱；惯于日出东方，难以日落西南。再是构架不行，注意了上下合力，忽略了横向支撑；重视了整体高度，疏忽了地基深度；刻意了外形设计，疏忽了内部装饰；精选了门窗材料，大意了大梁品质。

《论语》和《道德经》都是中华文化的经典著作，相比较而言，我更偏爱后者。偏爱老子，是觉得老子有与孔子极不同的东西，他极其丰富、高远、潇洒、独特。

孔子一生竭力推崇"为学""有为"，《论语》的开篇即《学而》篇，首句就是"学而时习之，不亦说乎？"在《阳货》十七中又说："好仁不好学，其蔽也愚；好知不好学，其蔽也荡；好信不好学，其蔽也贼；好直不好学，其蔽也绞；好勇不好学，其蔽也乱；好刚不好学，其蔽也狂。"在《为政》篇中更明确地表明自己的追求："为政以德，譬如北辰居其所而众星共之。"那种用道德去治理国家，像北极星那样确定在自己的位置上，别的星辰都环绕着它、簇拥着它的身价地位，可说是孔子终生梦寐以求的人生理想。

老子则不然，他一贯主张"绝学""无为"。他在《道德经》第二十章开头就说"绝学无忧"。抛弃学习就没有忧虑。在第二章就开宗明义地说:"圣人处无为之事,行不言之教。"在第四十八章中又说:"为学日益,为道日损。"从事于学问,知识和欲望不断增加,诡诈和忧烦也就增加;从事于道,知识和欲望减少,诡诈和忧烦也就减少。又在第六十四章中说:"学不学,复众之所过。"追求没有学识,挽救大众离道失真的过失。

老子与孔子追求的不同在于,孔子要人们以知识、学问展示自己的聪明和才能,创造人生辉煌;老子则要人们以返璞归真、纯朴如婴儿,以愚无为无事。郑板桥那段"糊涂论",可说是一种理解。老子所追求的聪明是大智若愚、大成若缺、大盈若冲、大直若曲、大巧若拙、大辩若讷。

《道德经》是一部不朽的哲学著作,内容博大精深,其价值深远广大、无与伦比是世界公认的。老子前无古人地提出了自己的宇宙观,他的"天道观"学说,是对历史和中国哲学的重大贡献,它让人们开始从宗教、神学中慢慢摆脱出来,开创了认识宇宙认识自然的新纪元。"无"概念的理论创立,确立了他在中国哲学史上的里程碑贡献。他的贵柔弱、尊鄙贱、柔弱胜刚强的辩证思想体系,丰富了中华民族文化的宝库。在《道德经》五千余言八十一章中,贵柔弱和甘居下的内容就有二十四章,全书中有无、易难、高下、长短、前后、实虚、强弱、宠辱、开阖、得失、清浊、新敝、直枉、多少、大小、重轻、雄雌、白黑、吉凶、兴废、刚柔、厚薄、贵贱、进退、阳阴、益损、热寒、生死、亲疏、利害、福祸、正奇、善夭、智愚、牡牝等等相对而生、相倾相比的概念遍布其间。老子对这些概念一律抱弱守下："柔弱胜刚强。""天下莫柔弱于水，而攻坚强者莫之能胜，其无以易之。""天下之至柔，驰骋天下之至坚。""兵强则灭，木强则折。坚强处下，柔弱处上。"这些观点是他辩证思想体系的基调。

这一哲学观决定了他的道德观，老子的超然是他把认识宇宙放在首位，其次才是治国，然后才是伦理道德。他认为"失道而后德，失德后而仁，失仁后而义，失义后而礼。夫礼者，忠信之薄，而乱之首"。老子的"道"，就是希望老百姓能"甘其食，美其服，安其居，乐其俗，邻国相望，鸡犬之声相闻，民至老死不相往来"。这是他理想中的美好和谐社会。

儒、道是中华文化的两大主要脉系，"修身"、"齐家"、"治国"、"平天下"是儒学思想体系的四部曲，是其思想的精髓；老子的思想体系除了研究人生、政治之外，更深入地探讨了宇宙的各种问题，其境界更为幽深，更为高远。今天读老子，我最直接的感受是对自己已有的模式化思维惯性的颠覆，我渴望改变定型的思维模式。

我于2007年在博客上开茶座，以聊天的方式谈老子。后因写长篇《碑》暂且搁下，台湾和大陆的多位朋友劝我把读老子的感悟都写出来，他们都觉得很有意思。在他们的鼓动下，我再看几种别人读老子的书，有一点不舒服。固然，因历史久远，加之当时条件所限，《道德经》流传至今，虽已有许多版本，但涉及老子的资料奇少，因而各种解读老子的书差异甚多，就本书我之所言，也无法说就准确。但对解读这样一部经典著作，严谨审慎是必须的。解析当然可各抒己见，但对原文还是要认真校勘。有的书里原文差错太多，这很不应该。说轻点是粗疏，实际是歪曲了经典，误人子弟。

书名叫《道无道 花非花》，表明语言文字难以解读老子的思想，本书仅是自己的一孔之见、一时偶得。当然这种我见是建立在前人研究成就的基础之上的，并非我个人凭空独创，但所写的是自己要说的。全书分两部分，上卷是"道无道——我读《老子》"，下卷是"花非花——我释《老子》"。现在成书，仍是聊天，交流而已，并不想给人什么引导教诲，权当我跟大家在闲聊。要觉说得有点道理，就听之；要觉说得不对，就别听。闲说闲话，别太当真。

借作跋之际，感谢王立群老师，为拙作写序；感谢安福海老师为书画了插图；还要向读这本书的朋友道一声谢谢！

黄国荣

癸巳年秋于寒舍大慧寺清虚斋

鳥

# 道无道 花非花

下卷 我释《老子》

黄国荣 著

重庆出版集团 重庆出版社

# 目录

- 001　第一章　众妙之门
- 002　第二章　有无相生
- 003　第三章　不尚贤，不贵货
- 004　第四章　用之不盈
- 005　第五章　天地不仁
- 006　第六章　谷神不死
- 007　第七章　天长地久
- 008　第八章　上善若水
- 009　第九章　功遂身退
- 010　第十章　玄妙之德
- 011　第十一章　无之为用

012　第十二章　为腹不为目

013　第十三章　宠辱若惊

014　第十四章　无状之状

015　第十五章　微妙玄通

017　第十六章　致虚守静

018　第十七章　下知有之

019　第十八章　大道废，有仁义

020　第十九章　绝圣弃智

021　第二十章　绝学无忧

023　第二十一章　孔德之容

024　第二十二章　委曲求全

025　第二十三章　希言自然

026　第二十四章　欲速不达

027　第二十五章　道法自然

028　第二十六章　重为轻根

029　第二十七章　袭明要妙

030　第二十八章　明知故守

032　第二十九章　圣人无为

033　第三十章　不以兵强天下

034　第三十一章　不祥之器

036　第三十二章　知止不殆

037　第三十三章　死而不亡

038　第三十四章　大道氾兮

039　第三十五章　执大象，天下往

040　第三十六章　柔弱胜刚强

041　第三十七章　无为而无不为

042　第三十八章　上德不德

043　第三十九章　昔之得一者

045　第四十章　有生于无

045　第四十一章　善贷且成

047　第四十二章　负阴抱阳

048　第四十三章　无有入无间

049　第四十四章　知足不辱

050　第四十五章　为天下正

051　第四十六章　知足常足

052　第四十七章　不出户，知天下

053　第四十八章　为学日益

053　第四十九章　圣人无常心

055　第五十章　出生入死

056　第五十一章　尊道贵德

057　第五十二章　为天下母

058　第五十三章　行于大道

060　第五十四章　以身观身

061　第五十五章　含德之厚

063　第五十六章　为天下贵

064　第五十七章　以正治国

065　第五十八章　光而不耀

066　第五十九章　深根固柢

067　第六十章　治大国，若烹小鲜

068　第六十一章　大者宜为下

070　第六十二章　善人之宝

071　第六十三章　多易必多难

072　第六十四章　为之于未有

073　第六十五章　善为道者

075　第六十六章　以其善下之

076　第六十七章　我有三宝

077　第六十八章　不争之德

078　第六十九章　哀者必胜

079　第七十章　知我者希

080　第七十一章　知不知上

081　第七十二章　民不畏威

082　第七十三章　天网恢恢

083　第七十四章　民不畏死

084　第七十五章　贤于贵生

085　第七十六章　柔弱处上

086　第七十七章　天道人道

087　第七十八章　正言若反

088　第七十九章　天道无亲

089　第八十章　小国寡民

090　第八十一章　为而不争

# 第一章　众妙之门①

**原文**

道可道，非常②道；名可名，非常名。无③，名天地之始；有，名万物之母。故，常无，欲以观其妙；常有，欲以观其徼④。此两者同出而异名。同谓之玄⑤，玄之又玄，众妙之门。

**注**

①《道德经》原没有章名，为研读方便，根据原文内容，在释注时加了章名，是本人主观所为，与原版本无关，仅供参考。

②常：马王堆汉墓帛书《老子》中"常"为"恒"，避讳汉文帝的名，将"恒"改为"常"。"常"，恒久不变的意思。

③这章的断句，许多版本各不相同。马王堆甲乙本为"无名，万物之始也；有名，万物之母也。"王弼本也以"无名、有名"断句。宋人司马光、王安石、苏轼等则以"无"、"有"断句。因这章是论"天地之始"，与"万物之母"，天地之始是"无"，万物产生于"有"。故以"无"与"有"断句才合老子的思想体系。

④徼(jiǎo)：边、极的意思。

⑤玄：深褐色。是老子常用的一个概念，看不透、神秘的意思。

**释**

道,用语言解释出来,它就不是恒久不变的道;道,给它命的名,它也就不合恒久不变的道该是的名。无,可名天地的原始状态;有,可名万物产生的根源。所以,常常以无形象的状态认识"道"的精微奥妙;常常以有形象的状态认识万物的根源。这两个概念说的都是"道",不是同一名称。它们都可以说是深远的,极其深极其远,是宇宙间一切奥妙的总大门。

## 第二章　有无相生

**原文**

天下皆知美之为美,斯恶矣;皆知善之为善,斯不善矣。故有无相生,难易相较①,长短相形,高下相倾,音声②相和,前后相随。是以,圣人处无为之事,行不言之教,万物作焉不为始,生而不有,为而不恃,功成而不居。夫唯不居,是以不去。

**注**

①此处任继愈本为"成",王弼本为"较","难易相较"相对合适。

②音与声古代用时有区别,只发音称"声",由"声"组合成带音乐节奏的旋律才称"音"。

**释**

天下人都知道什么才叫美,就厌恶丑了;天下人都知道什么才叫善,就都讨厌恶了。所以,有与无相互对立而生,难与易相对立而形成,长与短相对立而显示,高与下相对立而呈现,音与声相对而谐和,前与后相对而分出。因此,圣贤的人以"无为"去处事,用"不言"的方式去教诲,任由万物自然地生长变化而不干涉,创生了万物而不据为己有,滋养培育了万物而不自以为能,成就了万物而不居功。正由于不居功,所以他的功绩不朽。

## 第三章　不尚贤,不贵货

**原文**

不尚贤,使民不争;不贵难得之货,使民不为盗;不见可欲,使民心不乱。是以圣人之治,虚其心,实其腹,弱其志,强其骨,常使民无知无欲。使夫智者不敢为也。为无为,则无不治。

**释**

不推崇贤人、贤名,让民众不为此倾轧竞争;不重视金银珍宝这些财货,让民众不为这些去偷盗;不见那些引诱欲望的东西,让民众心绪不纷乱。因此,圣贤治理国家,让百姓虚化心志,吃饱肚子,弱化志向,强健筋骨,永远使百姓没有知识,没有欲望。使自以为聪明的人不敢去"有为"。用"无为"的精神去做事,这样国家就没有治理不好的。

## 第四章 用之不盈

**原文**

道冲①,而用之或不盈。渊兮,似万物之宗。挫其锐②,解其纷,和其光,同其尘,湛兮,似或存。吾不知谁之子,象帝之先。

**注**

①冲:空虚的意思。
②锐:锋芒的意思。

**释**

道看不见,但它的作用或许无穷无尽。它深不可测,好像是万物的祖宗。它不露锋芒，解脱纷扰，和淡光耀，混同尘俗。它无形无象啊，我不知道它是从哪里产生的，像是在天帝之前就有了。

## 第五章　天地不仁

**原文**

天地不仁，以万物为刍狗①；圣人不仁，以百姓为刍狗。天地之间，其犹橐龠②乎？虚而不屈，动而愈出，多言数穷，不如守中。

**注**

①刍（chú）狗：古代祭祀用的草扎成的狗。
②橐龠（tuóyuè）：古代风箱。

**释**

天地是大公无私、无所谓仁慈，把万物当刍狗一样不亲不憎；圣贤也大公无私、无所谓仁慈，把百姓视同刍狗一样不亲不憎。天地之间，好像风箱一样，虽然空虚但扇出的风没有穷尽，愈挤压风量愈大，话太多注定失败，还不如保持适中。

## 第六章　谷神不死

**原文**

谷神①不死,是谓玄牝②。玄牝之门,是谓天地根。绵绵若存,用之不勤③。

**注**

①谷神:谷,山谷,代表空虚。谷神,空虚之神。

②牝(pìn):一切动物的雌性生殖器官。玄牝,象征深远、看不见的生产万物的生殖器官。

③勤:即尽。

**释**

谷神(即道)因其空虚,它是永存的,所以叫玄妙的生殖器。玄妙的生殖大门,是天地产生的本源。虽然没有形体,但它实际存在,它的创生作用无穷无尽。

## 第七章　天长地久

**原文**

天长地久,天地所以能长且久者,以其不自生,故能长生。是以圣人后其身而身先,外其身而身存,非①以其无私邪?故能成其私②。

**注**

①马王堆甲、乙本"非"作"不",任继愈本等多种版本为"非"。

②私:个人愿望。

**释**

天地是永恒久远无穷的,天地之所以能永恒久远无穷,是因为它不为自己而生存,所以能够永恒久远无穷。因此,圣贤处处谦让、置身人后,反而被推为先;把自身利益置之度外,自己反得到保全,不正是因为他无私吗?所以反能实现成全自己的个人愿望。

## 第八章　上善若水

**原文**

上善若水。水善利万物而不争,处众人之所恶,故几于道。居善地①,心善渊②,与③善仁,言善信,正善治,事善能,动善时,夫唯不争,故无尤④。

**注**

①善地:卑下的地方。
②渊:深。
③与:施予、给予。
④尤:过失、过错。

**释**

最高尚的善跟水一样。水善于滋养万物而不与其争利,水总是置身于大家厌恶的地方,所以水的品格接近于道。(如水那样)居住在卑下的地方,心地清明深沉,对人博施不图回报,说话真诚,从政无为治国,行动合时宜,正是因为能(如水那样)不与人争名争利,所以不会有过错。

## 第九章　功遂身退

**原文**

持①而盈之，不如其已。揣而锐②之，不可常保。金玉满堂③，莫之能守。富贵而骄，自遗其咎。功遂身退，天之道。

**注**

①马王堆甲、乙本"持"为"植"，任继愈本等多种版本为"持"。

②王弼本"锐"为"梲"，任继愈本等多个版本为"锐"。

③马王堆甲、乙本为"金玉盈室"，意同。

**释**

想要保持满，不如太满之前停止。（刀、剑）太锋利，不能保持长久。金玉财宝堆满屋子，怎能长久守藏？富贵而且骄横跋扈，自己招来祸患。功成赶快身退，这才是天道。

## 第十章  玄妙之德

**原文**

载营魄抱一,能无离乎?专气致柔,能婴儿乎?涤①除玄览,能无疵乎?爱民治国,能无知乎?天门开阖,能为②雌乎?明白四达,能无为乎?生之、畜之;生而不有;为而不恃;长而不宰。是谓玄德。

**注**

①马王堆甲、乙本"涤"为"修"。今任继愈本等多个版本为"涤"。

②马王堆甲、乙本"为"为"无",今任继愈本等多个版本为"为",文意"为"较合适。

**释**

魂魄坚守着道,能不离开吗?任凭生理导致柔弱,能像婴儿一样吗?清除心中的杂念,能不留瑕疵吗?爱护百姓治理国家,能不用心智心计吗?官能相矛盾时,能像雌性甘居柔弱吗?聪明智慧,能做到无为无事吗?创生了万物,繁殖了万物,滋养了万物而不据为己有;帮助了万物不炫耀其能;衍生成长了万物却不主宰,这可称之为精微玄妙之德。

## 第十一章　无之为用

**原文**

三十辐共一毂<sup>①</sup>,当之无,有车之用。埏埴<sup>②</sup>以为器,当其无,有器之用。凿户牖<sup>③</sup>以为室,当其无,有室之用。故有之以为利,无之以为用。

**注**

①毂(gǔ):车轮的中心部分,有圆孔,可插轴。
②埏埴(shān zhí):糅合做陶罐的黏土泥。
③牖(yǒu):窗户。

**释**

车轮上的三十根辐条都汇聚在车毂上,因为车毂中间是空的,车才发挥运载的作用。糅合陶土做各种器具,因为器具中间是空的,器具才发挥盛东西的作用。开门凿窗建造房屋,因为屋子中间是空的,房屋才发挥居住的作用。所以,"有"(器具、设施）之所以能给人们提供便利，是依赖"无"（空虚）发挥其作用。

# 第十二章　为腹不为目

**原文**

五色①令人目盲；五音②令人耳聋；五味令人口爽③；驰骋畋猎令人发狂；难得之货令人行妨④。是以圣人为腹不为目。故去彼取此。

**注**

①五色：指红、黄、蓝、白、黑五种颜色。

②五音：指宫、商、角、徵、羽等古乐五音。

③五味：指酸、甜、苦、辣、咸，五种味道。"爽"，伤的意思。

④行妨：损害别人利益。这里指盗窃、掠夺之类的行径。

**释**

过分享受色彩会使人失明；过分享受音乐会使人耳聋；过分享受美食会使人口伤；纵情骑马打猎会使人心发狂；过分追求珍宝会使人成为盗贼。所以"圣贤"只为吃饱肚子，不为好看。因此,宁可不要虚名,要实惠实际。

## 第十三章　宠辱若惊

**原文**

宠辱若惊,贵大患若身。何谓宠辱惊?宠为下[①],得之若惊,失之若惊,是谓宠辱若惊。何谓贵大患若身?吾所以有大患者,为吾有身,及吾无身,吾有何患?故贵以身为天下,若可寄天下;爱以身为天下,若可托天下。

**注**

[①]马王堆甲本为"龙(宠)之为下",乙本为"弄(宠)之为下也"。王弼本、任继愈本为"宠为下",有今人读注版本修改为"宠为上,辱为下",理由是观全文,义较通顺,荣宠为尊,羞辱为卑。上下,即好坏之意。但从上下文衔接,句义通顺角度看,还是"宠为下"合适。

**释**

受荣宠、受屈辱都惊恐,重视祸患如同危及生命。什么叫受荣宠、受屈辱都惊恐?喜爱荣宠这种虚荣心本来就是卑下的,得到荣宠，为之惊喜，失去荣宠，为之惊恐。这就叫受荣宠、受屈辱都惊恐。什么叫重视祸患像危及生命一样？我所以有畏惧灾患的毛病，是因为我太重视自己的生命，要是能忘记自己，还有什么祸患呢？所以，愿意牺牲自己为天下的人，方可以寄以天下的重任；喜欢牺牲自己为天下服务的人，才可以把天下托付给他。

## 第十四章　无状之状

**原文**

视之不见，名曰夷，听之不闻，名曰希，抟（搏）①之不得，名曰微，此三者，不可致诘②，故混而为一。其上不皦③，其下不昧④，绳绳⑤不可名，复归于无物。是谓无状之状，无物之像，是谓恍惚。迎之不见其首，随之不见其后。执古之道以御今之有⑥，能知古始，是谓道纪。

**注**

①抟（搏）（tuán）：很多版本将"抟"错成"搏"。"抟"是用手团摸的意思，"搏"是搏击。

②诘：诘问、追究。

③皦（jiǎo）：光明。

④昧：昏暗。是"皦"的反义词。

⑤绳绳（mǐnmǐn）：双声词。不是现在常说的捆扎东西的绳索，是模糊、绵延不断的意思。

⑥有：这里的"有"是假借字，即域、疆域、国家的意思。

**释**

看它（即道）看不见，叫作"夷"，听它听不到，叫作"希"，摸它摸不着，叫作"微"，这三种状态无法穷究，所以是混沌成一体的。上面看它并不明亮，下面看它也不昏暗，模模糊糊绵延不绝没法形容，最终还是没有具体形象。这就叫没有形状的状态，看不到具象的形象，这就叫恍恍惚惚。迎它面看不见它的头，随它尾看不见它的背。能依据古往今来的"道"治理今天存在的（国家）能知道其原始的情形，就算了解"道"的规律了。

## 第十五章　微妙玄通

**原文**

古之善为道①者，微妙玄通，深不可识②。夫唯不可识，故强为之容：豫③焉，若冬涉川，犹兮，若畏四邻，俨兮，其若客④，涣兮，若冰之将释，敦兮，其若朴，旷兮，其若谷，混兮，其若浊，孰能浊以止？静之徐清。孰能安以久？动之徐生。保此道者不欲盈⑤，夫唯不盈，故能蔽而新成⑥。

### 注

①马王堆乙本为"道"，任继愈本为"士"，尊重历史，这里用"道"。

②马王堆甲、乙本"识"作"志"，古代"识"与"志"都有认识理解的意思。

③马王堆甲、乙本"豫"为"与"，犹豫的意思。

④"客"，王弼本为"容"，根据马王堆甲、乙本改为"客"。

⑤盈：满，自满。

⑥这一句几个版本不一致。马王堆甲、乙本为"是以能敝而不成"，王弼本为"故能蔽不新成"，帛书隶本为"故能蔽而不成"。根据句义，"不"字可能是"而"字的错写。后版本都改为"故能蔽而新成"。

### 释

古时候得道的人，精微、奥妙、深远而通达，深刻到一般人无法认识，正因为一般人不能认识，所以要（对他）勉强地描述一下：（这种人）做事谨慎啊，像冬天涉水过河一样，行事犹豫啊，像怕四邻窥视一样，为人恭敬严肃啊，像做客人一样，除情去欲啊，像冰块融化一样，敦厚老实啊，像没有雕琢的原材料一样，胸襟旷达啊，像深川幽谷一样，豁达包容啊，像江海容纳百川浊水一样，谁能让混浊停止下来？安静地使它慢慢澄清。谁能安定地永恒长久？生动起来慢慢活跃。保持这个"道"的人是不会自满的，正因为他不自满，所以，看起来隐蔽不露，却取得成功。

## 第十六章　致虚守静

**原文**

致虚极，守静笃。万物并作，吾以观复。夫物芸芸，各复归其根。归根曰静，是曰复命，复命曰常，知常曰明。不知常，妄作，——凶。知常容，容乃公，公乃王，王乃天，天乃道，道乃久，殁身不殆。

**释**

尽量使心灵清虚，保持清静。万物纷繁众多，我静观其循环往复。事物变化万千，各自最终都回复到它们的本源。回到本源，叫作静，这叫作复命（回到本性），复命叫作（自然的）常道，认识常道，叫作清明。不认识常道，轻举妄动，就产生祸害。认识常道，才能无不包容（公正），大私无私，才能称王，称王才能与天同道，与天同道，才能符合大道，符合大道，才能恒久，终生不会遭遇危险。

## 第十七章　下知有之

**原文**

太上，下①知有之，其次亲而誉之，其次畏之，其次侮之，信不足焉，有不信焉！悠兮，其贵言，功成事遂，百姓皆曰"我自然"。

**注**

①"下"，《永乐大典》本为"不"。"不知有之"即"人们不知道他的存在"。按说"不"更合老子"无为"的思想，但从上下文衔接看，似乎与下文跨度大了一些，后来的版本，几乎都为"下"。

**释**

最好的统治者，天下百姓仅仅知道有他；其次的统治者百姓亲近他、称赞他；再次一等的统治者，百姓畏惧他；最次的统治者，百姓蔑视他、反抗他，（这种统治者）诚信不足啊，百姓不相信、不信任他啊！最好的统治者看起来他是那样的悠闲啊，很少会发号施令，成功了，事情办妥了，百姓都说，我们自然就是这样的。

# 第十八章　大道废，有仁义

**原文**

大道废，有①仁义。智慧出，有大伪。六亲不和，有孝慈。国家昏乱，有忠臣。

**注**

①这章连续用三个"有"。马王堆甲本为"案有仁义"，乙本为"安有仁义"，古代"案"、"安"，是同义词，"乃"、"于是"的意思。此后，多种版本都改为"有"。

**释**

大道被废弃之后，才产生仁义。聪明智慧出现后，虚伪奸诈也随之而产生。六亲失去了和睦，孝和慈才产生。国家昏乱之后，才显出忠臣。

# 第十九章　绝圣弃智

**原文**

绝圣弃智，民利百倍；绝仁弃义，民复孝慈；绝巧弃利，盗贼无有。此三者以为文不足，故令有所属；见素抱朴，少私寡欲。

**释**

统治者杜绝放弃先觉和智慧，百姓反而能得百倍的利益；统治者杜绝放弃仁德和义理，百姓反而能够恢复孝慈的天性；统治者杜绝放弃机巧和货利，百姓便不会产生盗窃之心。

这三者仅文化理论，不足以治理国家，所以要让百姓另有遵守的东西；那就是行为纯真，内心质朴，减少私心，扼制欲望。

## 第二十章　绝学无忧

**原文**

绝学无忧。唯之与阿①，相去几何？善之与恶，相去若何？人之所畏，不可不畏，荒兮，其未央②哉！众人熙熙③，如享太牢④，如春登台。我独泊⑤兮，其未兆，如婴儿之未孩，累累⑥兮，若无所归！众人皆有余，而我独若遗⑦。我愚人之心也哉，沌沌兮！俗人昭昭⑧，我独昏昏⑨，俗人察察，我独闷闷。澹⑩兮，其若海，飂⑪兮，若无止。众人皆有以，而我独顽以鄙。我独异于人，而贵食母。

**注**

①"唯"与"阿"都是答应对方的声音，"唯"是恭敬的答应声，"阿"是轻蔑、呵斥的答应声。

②荒：广大。兮：今大都译为"啊"。未央，无尽。

③熙熙：快乐、开心。

④太牢：古代祭祀的盛宴。

⑤泊：淡泊。

⑥累累：疲倦的样子。

⑦遗：匮乏、不足。
⑧昭昭、察察：都是清明的样子。
⑨昏昏、闷闷：都是昏暗的样子。
⑩澹（dàn）：辽远、恬静。
⑪飂（liáo）：急风、大风飞扬的样子。

**释**

弃绝知识学问，就不会有忧愁烦恼，恭敬的应诺与轻蔑的呵斥，相差有多少？善良与罪恶，又相差多少？大家畏惧的，我也不能不畏惧，广大无尽的道啊，与世俗相去太远！众人是那样高兴，像享受丰盛的酒宴，如春天登高台观景；唯我淡泊啊，心里没一点激动，像还不会发笑的婴孩，疲倦啊，像无家可归！众人都富足有余，唯独我像匮乏不足。我这愚人的心肠啊，混混沌沌啊！大家都那么清楚，我却这么糊涂，大家是那么清明，我却那么浑浊。辽阔啊，像无垠的大海，无边啊，像强劲的长风。众人都有一套本领，独我又愚又笨，唯我不同于大家，我抱守着人生的根本——大道。

## 第二十一章　孔德之容

**原文**

孔德之容①，惟道是从。道之为物，惟恍惟惚。惚兮恍兮，其中有象；恍兮惚兮，其中有物。窈兮冥兮②，其中有精；其精甚真，其中有信。自古及今，其名不去，以阅众甫。吾何以知众甫之状哉？以此。

**注**

①孔：大的意思。容，品貌、行为。
②"窈"和"冥"：深远昏暗的意思。

**释**

大德的品貌行为，都服从于道的原则。道这个东西，似有似无，恍恍惚惚。恍啊惚啊，恍惚之中又有了宇宙的形象。恍啊惚啊，恍惚之中又产生了万物。它是那样深远昏暗啊，深远昏暗之中却蕴含着精气，这精气具体而又真实，其中有非常真实可信的东西。自古到今它的名字一直存在，用它来检阅、认识万物开始产生的情形。我怎么会知道万物产生、开始的情形的呢？靠的就是道。

## 第二十二章　委曲求全

**原文**

曲则全，枉则直，洼则盈，敝则新，少则多，多则惑。是以圣人抱一为天下式①。委曲反而能保全，不自见，故明；不自是，故彰；不自伐②，故有功；不自矜③，故长。夫唯不争，故天下莫能与之争。古之所谓曲则全者，岂虚言哉？诚全而归之。

**注**

①式：工具。
②伐：夸耀。
③矜：尊大。

**释**

弯曲反而能伸直，低洼反而能盈满，敝旧反而能更新，少取反而能多得，多占反而会迷惑。因此，圣贤以一（道）作为观察天下的工具。不自我表现，所以清明；不自以为是，所以反能彰显；不自我夸耀，所以功不可没；不自高自大，所以才能长久。正因为不与人争名争利，所以天下没有人敢与他争。古人所谓委曲反能成全这说法，难道是空话吗？诚然该保全它，趋向它。

## 第二十三章　希言自然

**原文**

希言①自然。故飘风不终朝，骤雨不终日。孰为此者？天地。天地尚不能久，而况于人乎？故从事于道者，同于道；德者，同于德；失者，同于失。同于道者，道亦乐得之；同于德者，德亦乐得之；同于失者，失亦乐得之。信不足焉，有不信焉。

**注：**

①希言：少说话。

**释**

　　少说话表现，呈现本来面目。暴风刮不了全天，骤雨下不了一整日。谁使它这样的？是天地。天地尚且不能让风雨持久。何况人呢？所以信仰道的人，（懂得）与道一致；修德的人，与德一致；失道失德的人，与过失会一致。与道一致的人，道也乐意得到他；与德一致的人，德也乐意得到他；与过失一致的人，过失也乐意得到他。对道诚信不足的人，存在不信任道的行为啊。

## 第二十四章　欲速不达

**原文**

企①者不立；跨者不行；自见者不明；自是者不彰；自伐者无功；自矜者不长。其在道也，曰：余食赘行②。物或恶之，故有道者不处。

**注**

①企：踮起脚跟站立。
②"行"同"形"。赘行，即形体上多余的东西，像瘤。

**释**

踮起脚跟站得是高了，但站不稳；迈腿总想跨越别人的，反而走不动；自我表现的，反而不能清明；自以为是的，反而不能彰显；自我夸耀的，反而得不到功劳；自高自大的，反而不会长久。这些行为在道看来，称之为剩饭赘瘤。谁都厌恶它，所以有道的人绝不会以此自居。

## 第二十五章　道法自然

**原文**

有物混成，先天地生。寂①兮寥②兮，独立而不改，周行而不殆，可以为天地母。吾不知其名，字之曰道，强为之名曰大。大曰③逝④，逝曰远，远曰反。故道大，天大，地大，人亦大。域中有四大，而人居其一焉。人法地，地法天，天法道，道法自然。

**注**

①寂：寂静，没有声音。
②寥：空虚，无形。
③这里连续用的三个"曰"，不是说的意思，是则、就的意思。
④逝：去，往，运行。

**释**

有一个东西浑然天成，在天地还没有形成之前就存在了。寂静无声啊，也没有形体啊，它不依靠外力存在，不改变自己，按照自己的规律不停地运行，可以说它是天下万物之母。我不知道该怎么给它命名,给它个字叫道,一定要起名就叫它大。广大则往复运行,运行则没有穷尽,没有穷尽则往返。所以道是大,天是大,地是大,人也是大。宇宙中有这四大,人是其中之一啊。人效法地,地效法天,天效法道,道效法自然(即道本身)。

## 第二十六章　重为轻根

### 原文

重为轻根,静为躁[①]君。是以圣人终日行不离辎重[②]。虽有荣观[③],燕处[④]超然。奈何[⑤]万乘之主,而以身轻天下?轻则失根,躁则失君。

### 注

①躁:动、浮躁。
②辎重:一般指军队行军带的粮秣等保障品。
③荣观:贵族游玩享乐的地方。
④燕处:贵族居住生活的地方。
⑤奈何:为何。

**释**

重是轻的基础,静是躁的君主。因此,圣贤整天行走总是不离开辎重。虽然有富足的物质享受,却不沉迷在里面。为何一国之君,而只顾自身享受,轻浮地治理国家呢?轻浮就丧失了基础,浮躁就失去了君王的尊严。

## 第二十七章　袭明要妙

**原文**

善行无辙迹①,善言无瑕谪②;善数不用筹策③;善闭无关楗④而不可开,善结无绳约⑤而不可解。是以圣人常善救人,故无弃人;常善救物,故无弃物。是谓袭明⑥。故善人者,不善人之师;不善人者,善人之资。不贵其师,不爱其资,虽智大迷,是谓要妙。

**注**

①辙迹:古代车轮碾过泥路留下的痕迹。这里隐喻人的行为留下的印象。

②瑕谪:错误、缺点。

③"筹策"：古代用竹子做成的计算用的工具。
④"关楗"：古代的关闭门用的门闩木。
⑤绳约：绳索把东西捆绑起来。
⑥袭明：掩藏、不表露。

**释**

善的行为都不留下痕迹，善于言谈者所说的话都不会有错误；善于计算者都用不着筹策这种工具；善于与人相处的，即使不用门闩木，别人也不会开他的门，善于以心交人者，即使不用绳索捆绑，别人也不会解开。因此，圣贤常常善于拯救人，所以他没有遗弃的人；常常善于拯救事物，所以他也没有废弃的事物。这叫作不外露的聪明。所以善人，是不善人的老师，不善人，也可以给善人做镜子。假如不善人不尊重善人这种老师，善人不爱惜不善人这种借鉴，虽然自以为聪明，其实是大糊涂，这就叫作为人的奥妙。

## 第二十八章　明知故守

**原文**

知其①雄，守其雌，为天下豀②。为天下豀，常德不离，复归于婴儿。知其白,守其黑,为天下式③。为天下式,常德不忒④,复归于无极。知其荣,守其辱,为天下谷。为天下谷,常德乃足,复归于朴。朴散则为器,圣人用之,则为官长,故大制不割⑤。

**注**

①其:代词,这里连用了六个,是指他。
②豀(xī):山涧、溪谷。
③式:模式、器具、工具。
④忒(tè):差错。
⑤制,管理、体制。割,割裂或勉强的意思。

**释**

知道雄性刚强的优越,甘愿保持雌性的柔弱,这样可以作为天下的沟壑。能够作为天下的沟壑,恒久的德就不会失去,回归到婴儿一样淳朴纯洁。知道白的高洁,甘愿保持黑的阴暗位置,这样可以成为天下的工具模式。能够作为天下的工具模式,恒久的德就不会出差错,回归到广大无穷的境界。知道荣宠的好处,甘愿保持屈辱的地位,这样可以作为天下的溪谷。能够作为天下的溪谷,恒久的德就会很充实,回归到质朴的自然状态。质朴要是被破坏散失变成了具体的器具,圣贤保持住了质朴,就能成为百官之长,所以,完善的大的体制是一个整体,相互不是勉强凑成,是不可随意割裂的。

## 第二十九章　圣人无为

**原文**

将欲取天下①而为之，吾见其不得已②。天下神器③，不可为也。为者败之，执者失之。故物或行或随；或嘘或吹；或强或羸；或陪或隳④。是以圣人去甚，去奢，去泰。

**注**

①天下：古代的天下，相当于现在的国家。"取天下"是取得天下、治理天下的意思。

②不得已：不是现在不得不的意思，"不得"是不能够，"已"是语气词，同"也"。

③神器：神圣贵重的器具。

④"陪"，王弼本为"挫"，任继愈本为"载"，帛书《老子》为"陪"，是增益的意思。"隳"（huī）与"堕"同，毁坏的意思。根据上下文内容和句式看，用"陪"，与"隳"意思正好相对，句式也相一致，故用"陪"。

**释**

如果想要治理天下又有所作为,我认为这是不可能的。天下这个神奇的东西,不能有为。谁想有为必定要失败,谁要是固执地把持它,必定丧失它。所以,(圣贤无为,就没有败;没有把持,就没有失)一切事物,有带头前行的,有滞后跟随的;有轻嘘的,有急吹的;有强壮的,有羸弱的;有的增益,有的毁坏;因此,圣贤治理国家去掉那些极端的、奢侈的、过分的做法。

## 第三十章　不以兵强天下

**原文**

以道佐人主者,不以兵强天下。其事好还①。师之所处,荆棘生焉。大军之后,必有凶年。善有果而已,不以取强。果而勿矜,果而勿伐,果而勿骄。果而不得已,果而勿强。物壮则老,是谓不道,不道早已。

**注**

①还:还报、报复。

**释**

用道辅佐君主的人，不依靠兵力逞强天下。用兵力制服人很容易得到报复。军队驻扎过的地方，土地荒废长满荆棘。大战之后，必定是荒年。善于用兵的人达到目的就算了，不敢用武力逞强。达到目的就不要自高自大，达到目的就不要自吹自夸，达到目的就不要骄横跋扈。达到目的要认识这是不得已的，达到目的就不要再逞强。事物壮大了就会衰老，所以争强好胜不合道的原则，违反道的原则，必定会提早死亡。

## 第三十一章　不祥之器

**原文**

夫兵者不祥之器①，物或恶之，故有道者不处。君子居则贵左，用兵则贵右。兵者不祥之器，非君子之器，不得已而用之，恬淡为上。胜而不美，而美之者，是乐杀人。夫乐杀人者，则不可得志于天下矣。吉事尚左，凶事尚右。偏将军居左，上将军居右，言以丧礼处之。杀人之众，以悲哀莅②之，战胜以丧礼处之。

**注**

①"夫",王弼本为"夫佳",唐碑本为"夫唯",任继愈本为"夫唯",马王堆本为"夫",无"唯"字,"唯"为发音词。以马王堆本为据,不加"唯"。

②"莅",王弼本为"泣",可能是误。帛书老子和隶本都为"立",莅临的意思,任继愈本为"涖",同"莅"。故改为"莅"。

**释**

武力战争啊,不吉祥的东西,谁都厌恶它,所以有道的人不使用它。君子平时尊左为上,用兵打仗时尊右为上。这是因为武力战争是不吉祥的东西,不是君子爱用的东西,即使万不得已用它,也是以心平气和淡然处之。胜利了,也不自以为了不起,如果以此为了不起,不成了以杀人为乐趣的人了?以杀人为乐趣的人,不可能成为得志于天下的人。吉庆的事都是尊尚左,凶丧事则尊尚右。用兵作战时偏将军站在左边,上将军站在右边,这是说,打仗按办丧事的礼仪方式来对待。杀人这么多,以悲伤哀痛的心情参与,打胜了按照办丧事的仪式来处理。

## 第三十二章　知止不殆

**原文**

道常无名，朴①虽小，天下莫能臣②。侯王若能守之，万物将自宾③。天地相合，以降甘露，民莫之令而自均。始制④有名，名亦既有，夫亦将知止，知止可以不殆。譬道之在天下，犹川谷之于江海。

**注**

①朴：即道。

②臣：这里用作动词，称臣、服从的意思。

③宾：服从。

④始制：初始的制度、规定。

**释**

道永远是无名的，道虽然微小，但天下没有谁能指使它、让它称臣。诸侯王如果能够保持着道，万物将会自动地归服。天地（即阴阳）相合，就会降下甘露，民众没有责令它要均匀，而自然均匀。初始有了规定性，也就有了名分，名分既定，所以就要适可而止，知道适可而止，可以避免危险。譬如道在天下所处的地位犹如山涧溪谷对于大海一样，是它们的归宿。

## 第三十三章　死而不亡

**原文**

知人者智，自知者明。胜人者有力，自胜者强。知足者富，强行者有志。不失其所者久，死而不亡①者寿。

**注**

①马王堆本为"死而不忘（亡）者寿"。

**释**

能认识别人的，可以算作聪明，能认识自我的，才是清明。能战胜别人的叫作有力，能战胜自己的称得上强者。知足的人可算是富有，能强行不息的人是有志气的。守道不失其立场的人能经得起时间的考验，死后不朽的人才是长寿。

## 第三十四章　大道汜兮

**原文**

大道汜①兮,其可左右。万物恃之而生而不辞,功成不名有。衣养万物而不为主,常无欲,可名于小;万物归焉而不为主,可名为大。以其终不自为大,故能成其大。

**注**

①汜(fàn):同泛,泛滥。

**释**

大道流行泛滥啊,它可左可右,无所不至。万物依赖它生存它却沉默无言,取得了成功却不居其名分。滋养了万物而不自以为主宰,永远没有私欲,可称为渺小;万物归附于它而不主宰它们,可以称之为伟大。由于它始终不自以为伟大,所以能成为伟大。

## 第三十五章　执大象,天下往

**原文**

执大象①,天下往。往而不害,安平泰。乐与饵②,过客止。道之出口,淡乎其无味,视之不足见,听之不足闻,用之不足既③。

**注**

①大象:即大道。

②乐:音乐。饵:食物。

③既:尽、完的意思。帛书老子篆本和隶本均为"不可既",王弼本为"不足既"。

**释:**

谁拥有了大道,天下人都将投奔他。投靠了他而受不到一点伤害,大家过太平安康的日子。音乐与美食,让路过人止步停下来。道若说出来,平淡得没有一点味道,看它,看不见,听它,听不到,用它,却用不完。

## 第三十六章　柔弱胜刚强

**原文**

将欲歙①之，必固②张之；将欲弱之，必固强之；将欲废之，必固兴之；将欲取之，必固与之。是谓微明。柔弱胜刚强。鱼不可脱于渊，国之利器不可以示人。

**注**

①歙（xī）：收敛，收缩。
②固：定；必固，必定的意思。

**释**

打算要收缩它，必定先扩张它；打算削弱它，必定先增强它；打算废弃它，必定先推举它；打算夺取它，必定先给予它。这就叫微妙的精明。柔弱必定胜刚强。鱼儿不可离开深渊，国家的专政工具不可展示给百姓看。

## 第三十七章　无为而无不为

**原文**

道常无为而无不为。侯王若能守之,万物将自化。化而欲作,吾将镇之以无名之朴。镇之以无名之朴,夫将不欲。不欲以静,天下将自正①。

**注**

①楚简甲本为"万物将自定",王弼本也为"自定",帛书本隶本都为"天下将自正。"第五十七章里有"我好静而民自正",依照帛书本和隶本为"自正",正常的意思。

**释**

道永远是无为,但没有一件事不是它所为。诸侯王若能保持道,万物将顺其自然自动归化。自动归化了却还会产生私欲想作为,我将用道的"无名之朴"来制止它。用"无名之朴"制止了,万物也就没有私欲了。没有私欲就安静,天下将复归于正常。

## 第三十八章　上德不德

**原文**

上德不德，是以有德；下德不失德，是以无德。上德无为而无以为；下德为之而有以为。上仁为之而无以为；上义为之而有以为。上礼为之而莫之应，则攘①臂而扔②之。故失道而后德，失德而后仁，失仁而后义，失义而后礼。夫礼者，忠信之薄，而乱之首。前识③者，道之华④，而愚之始。是以大丈夫处其厚，不居其薄⑤；处其实，不居其华。故去彼取此。

**注**

① 攘：撸袖伸臂。
② 扔：用力拖拽。
③ 前识：超前意识，即先知先觉。
④ 华：对"实"而言，表面、假象。
⑤ 薄：浇薄、虚伪。

**释**

有高尚品德的人，不表现施德，因此，反而是有德。低下的德故意施德像是有德，因此就没有德。上德无为也无心表现作为，下德的人故意作为而且表现出来。上仁有所作为，但不是故意表现他的仁，上义有所作为，也并不故意表现他的义。上礼的人有所表现得不到回应时，就伸拳挥臂逼人家强行。所以，丢失了道之后才有德，丢失了德之后才讲仁，丢失了仁之后才讲义，丢失了义之后才讲礼。礼这个东西，是忠信浇薄的表现，是社会混乱的开始。所谓先知先觉的人，是道的表面假象，是愚昧的开始。因此，大丈夫立足于淳朴忠厚，不接近浇薄虚伪；立足朴实，远离浮华。所以舍弃后者虚伪、浮华，采取前者淳朴、忠厚。

## 第三十九章　昔之得一者

**原文**

昔之得一者：天得一以清，地得一以宁，神得一以灵，谷得一以盈，万物得一以生，侯王得一以为天下贞①。其致之。天无以清，将恐裂；地无以宁，将恐发②；神无以灵，将恐歇③；谷无以盈，将恐竭；万物无以生，将恐灭；侯王无以贵高，将恐蹶④。故贵以贱为本，高以下为基。是以侯王自称孤、寡、不谷⑤。此非以贱为本邪？非乎？故至誉无誉⑥。不欲琭琭⑦如玉，珞⑧如石。

**注**

①贞：通正，首领、典范。

②发：震动、崩毁。

③歇：停止、灭绝。

④蹶：跌倒、颠覆、失败。

⑤谷：善。"不谷"，不善。

⑥誉：通"与"。王弼本为"故致数舆无舆"，帛书老子隶本为"故至誉无誉"。数是多出的字，似有道理，改为"故至誉无誉"。

⑦琭（lù）：美玉。

⑧珞（luò）：坚硬的石头。

**释**

自古以来，凡得一（即道）的，其收获是这样的：天得到一则清明，地得到一则安宁，神得到一则神灵，溪谷得到一则充盈，万物得到一则衍生，诸侯王得到一则成为天下的首领。他们都是从得到一才获所想得到的。天不能清明，恐怕就会崩裂；地不能安宁，恐怕就要地震崩毁；神不能神灵，恐怕就要灭绝；溪谷不能充盈，恐怕就要枯竭；万物不能衍生，恐怕就要绝种；诸侯王不能高贵，恐怕就要颠覆灭亡。所以，贵是以贱为根基，高以下作为基础。因此，诸侯王自称"孤"、"寡"、"不谷"。这不是贵以贱为根本吗？不是吗？所以，最好的声誉是没有声誉，不想做珍贵的美玉，宁愿做坚硬的石头。

## 第四十章　有生于无

**原文**

反者道之动；弱者道之用。天下万物生于有，有生于无。

**释**

反复循环是道的运行；柔弱谦下是道的功用。天下的万物生于有，有生于无。

## 第四十一章　善贷且成

**原文**

上士闻道，勤而行之；中士闻道，若存若亡；下士闻道，大笑之。不笑不足以为道。故建言①有之：明道若昧，进道若退，夷<sup>②</sup>道若纇<sup>③</sup>，上德若谷。大白若辱，广德若不足，建德若偷<sup>④</sup>，质真若渝<sup>⑤</sup>，大方无隅<sup>⑥</sup>，大器晚成，大音希声，大象无形。道隐无名，夫唯道，善贷<sup>⑦</sup>且成。

## 注

①建言：或古代的某书名，或谚语，或民谣。原没有出处。

②夷：平坦。

③纇"（lèi）：崎岖，不平坦。

④偷：怠惰，懒散。

⑤渝：空虚。

⑥隅：角落、角。

⑦贷：帮助。

## 释

上等士人听了道的理论，勤奋地去实行；中等士人听了道的理论，半信半疑；下等士人听了道的理论，大加嘲笑。道不被（下等士人）笑才不足以称为道，所以，古人有名言说：鲜明的道，好像很昏暗；前进的道，好像是后退；平坦的道，好像很崎岖；高尚的德，好像深谷。很纯洁的人，好像屈辱；盛德的人，好像不足；强健之德的人，好像怠惰；质朴纯真的人，好像空虚；最方正的，反没有棱角；大器物，将最后完成；大声音，反而没声音；大形象反而无形象。道隐蔽而无名，只有道，善于创生万物，并且使万物成长。

## 第四十二章　负阴抱阳

**原文**

道生一[①]，一生二，二生三，三生万物。万物负阴而抱阳，冲气以为和。人之所恶，唯孤、寡、不谷，而王公以为称。故物或损之而益，或益之而损。人之所教，我亦教之。强梁者不得其死，吾将以为教父。

**注**

①一：不是指数字一，是指宇宙浑然一体时的混沌状态。

**释**

道生出浑然一体的一种气（即宇宙原始状态），这一种气又分化为阴阳二气，阴阳二气交合又生出第三种气叫和气（即大气），和气繁衍生成了万物。万物依靠阴阳二气，阴阳不断交合不断产生新的和气调养万物。一般人所厌恶的，就是孤、寡、不谷（不善），而王公们就以这些贬义词称呼他们自己。所以，一切事物，有时候贬损它，反而得益，有时候看起来得益，反而受贬损。古人拿它来教诲人，我也拿它来教诲人。逞强刚暴的人不得好死，我就拿这句话作为教导的基本道理。

## 第四十三章　无有入无间

**原文**

天下之至柔，驰骋天下之至坚。无有入无间①，吾是以知无为之有益。不言之教，无为之益，天下希②及之。

**注**

①无间：没有空隙。
②希：少。

**释**

天下最柔弱的东西，能够在天下最坚硬的东西内任意穿越。看不见的东西能穿透没有空隙的物体，我因此而明白无为的益处。不用言语的教诲，无为的益处，天下很少有东西能赶得上的。

## 第四十四章　知足不辱

**原文**

名与身孰亲？身与货孰多①？得与亡孰病②？是故甚爱必大费；多藏必厚亡。知足不辱，知止不殆，可以长久。

**注**

①多：重要、尊重、重视。
②病：有害。

**释**

名誉跟生命比，哪一个更亲切？生命跟财物比，哪一个更重要？得到名誉、财物与失去生命比，哪个更有害？因此，过分地爱名誉，必定损耗更多；多收藏财物，必定丢掉也很重。知足就不会受损辱，知道适可而止就不会遭危险，这样，生命才可以长存。

## 第四十五章　为天下正

**原文**

大成若缺，其用不弊①。大盈若冲②，其用不穷。大直若屈，大巧若拙，大辩若讷③。静胜躁，寒胜热④。清静为天下正⑤。

**注**

①弊：尽，"不弊"，用不尽的意思。

②冲：空虚。

③讷：木讷，不善说话。

④"静胜躁，寒胜热"句，王弼本为"躁胜寒，静胜热"，显然是有误，"静"应该相对"躁"，"寒"应该相对"热"，再看老子在二十六章中说"重为轻根，静为躁君"，这句应为"静胜躁，寒胜热"。

⑤正：通"贞"、"政"，首领、典范、楷模的意思。

**释**

最完满的，看起来好像欠缺似的，但它的作用并不会使尽。最充实的，看起来好像空虚似的，但它的功能不会穷竭。最正直的，看起来好像弯曲似的；最灵巧的，看起来好像笨拙似的；最善辩的，看起来好像木讷似的。清静能克服急躁，寒冷能扼制炎热，能够保持清静无为之道的人，可以为天下的首领。

## 第四十六章　知足常足

**原文**

天下有道，却走马以粪①。天下无道，戎马生于郊。祸莫大于不知足；咎莫大于欲得。故知足之足，常足矣。

**注**

①却：止息的意思。走马：善奔走的马。粪：引申为耕种的意思。

**释**

天下有道国家安定祥和，战马用来耕地种田。天下无道，国家混乱不太平，母马只能把小马驹生产在郊外的战场上。灾祸没有比不知足更大的了；罪过没有比贪得无厌更大的了。所以只有知足这种满足，才会是永久的满足。

## 第四十七章　不出户，知天下

**原文**

不出户，知天下；不窥牖①，见天道。其出弥远，其知弥少。是以圣人不行而知，不见而名②，不为而成。

**注**

①牖（yǒu）：窗户。
②名：与"明"通用。

**释**

人不出大门，能知道全天下的事情；不从窗户孔里窥视天空，就知道自然的法则。走出去越远，所知道的事情反越少。因此，圣贤不必外出远行就知道天下的事情，不必亲见也能明了事理，不去人为作为也能成就事业。

## 第四十八章　为学日益

**原文**

为学日益，为道日损。损之又损，以至于无为。无为而无不为。取天下常以无事，及其有事，不足以取天下。

**释**

修学，知识就一天比一天增加；修道，知识就一天比一天减少。减少再减少，减少到没有作为的意念了就到达了无为的境界，这种无为，可说是无所不为。治理天下也应该无为，如果到了非要去作为的地步，就不配掌管天下了。

## 第四十九章　圣人无常心

**原文**

圣人无常①心，以百姓心为心。善者吾善之；不善者吾亦善之；德②善。信者吾信之；不信者吾亦信之；德信。圣人在天下，歙歙③焉，为天下浑其心，百姓皆注其耳目，圣人皆孩之。

**注**

①"常"，王弼本为"无常心"，帛书老子和隶本为"常无心"，这里的"常"，由永远、恒久的意思，引申为不变、固定的意思。"没有固定不变的意见"与"常常没有意见"是有很大区别的，故用"无常心"。

②德：同"得"。

③歙歙（xīxī）：与三十六章"将欲歙之"的"歙"同义，收敛的意思。

**释**

圣贤治理国家没有固定不变的意见，而是以百姓的意见为意见。百姓善良的，我善待他们，百姓中不善良的，我也善待他们；这样，人人就都得到了善待。百姓讲诚信的，我信任他们，百姓中不讲诚信的，我也信任他们；这样，人人就都得到了信任。圣贤治理天下，收敛啊，使天下人心都回复浑朴，百姓都注目专注他们的圣贤，圣贤把百姓当作婴儿一样爱护。

## 第五十章　出生入死

**原文**

出生入死。生之徒十有三，死之徒十有三，人之生，动①之于死地，亦十有三。夫何故？以其生之厚。盖闻善摄生②者，路行不遇兕③虎，入军不被甲兵；兕无所投其角，虎无所用其爪，兵无所容其刃。夫何故？以其无死地。

**注**

①动：往往。
②摄生：保养、养护生命。
③兕（sì）：犀牛。

**释**

出世叫生，入地叫死，长寿的几率，有十分之三；夭折的几率，有十分之三；活得好好的，往往自己踏入死路的，也有十分之三。这是什么原因呢？是因为求生养生的欲望太过。曾听说，善于养护生命的，在山地行走，不会受到犀牛、猛兽的伤害，在军中打仗不会遭到杀伤；犀牛没办法对他使用角，老虎对他没办法使用爪,兵器对他没办法使用锋利的刃。这是什么缘故呢?因为他根本就不进入这种致死的境地。

## 第五十一章　尊道贵德

### 原文

道生之,德畜①之,物形之,势②成之。是以万物莫不尊道而贵德。道之尊,德之贵,夫莫之命而常自然。故道生之,德畜之;长之育③之,亭之毒④之,养之覆⑤之。生而不有,为而不恃,长而不宰。是谓玄德。

### 注

①畜:育、养殖。

②"势",马王堆甲、乙本"势"为"器",器物的意思,引申为环境空间。

③"育",马王堆甲本为"遂"。

④亭:结果实,成。毒,成熟,"毒之",使其成熟。

⑤覆:覆盖、保护。

**释**

道创生了万物，德养育了万物，万物有了各自的形体，具体的环境使万物成长。因此，万物没有不尊崇道敬重德的。道之所以受到尊崇，德之所以得到敬重，并没有谁来命令，而是平常自然就是这样的。所以道创生万物，德养育万物；让万物长，给万物育，让万物结成果，让万物成熟，培养万物，保护万物。创生万物而不据为己有，培养万物而不自恃其功，统管万物而不主宰万物。这是深远奥妙的德。

## 第五十二章　为天下母

**原文**

天下有始，以为天下母。既得其母，以知其子，复守其母，没身不殆。塞其兑①，闭其门，终身不勤②。开其兑，济③其事，终身不救。见小曰明，守柔曰强。用其光，复归其明，无遗身殃；是为袭常④。

**注**

①兑：与下面的"门"是同义，指人的五官的孔窍。

②勤:辛苦、忧劳。

③济:助。

④"袭"与"习"古代通用,王弼本、任继愈本为"是为习常",帛书老子篆本为"是为袭常"。"常",即常道,"袭常",因袭常道的意思。

**释**

天下的万物都有初始的本源,这个本源(即道)可以称为天下万物之母。既然知道了母亲,就可以了解她所创生的子女——即天下万物,再回复到坚守天下万物之母的道,终身都不会有危险。堵塞住欲望的孔穴,关闭欲望的大门,终身都不会有忧患。假如打开欲望的孔穴,助长欲望泛滥,则终身不可救药。能够观察隐微精细,称之为清明;能够保持柔弱,称之为刚强。利用道蕴含着的光观察万物,回复到光本源的清明,才不会给自己带来灾难。这就是承袭常道。


## 第五十三章　行于大道

**原文**

使我介然①有知,行于大道,唯施②是畏。大道甚夷,而民好径③。朝甚除④，田甚芜，仓甚虚；服文采，带利剑，厌⑤饮食，财货有余；是为盗夸⑥。非道也哉！

**注**

① "介然"，古汉语"介"一意为谦辞，藐小、微小、微贱的意思。任继愈本将依据《荀子·修身篇》："善在身，介然必以自好也"将"介然"注释为确实、准确的意思。这里还是依辞典为准。

② 唯：只。"施"，同"邪"，即斜路。

③ 径：小路、捷径。

④ 除：清除、修整。

⑤ 厌：过满、过足，如厌食，饱得不想吃了。

⑥ "夸"，马王堆乙本为"圩"，任继愈本改为"竽"，主导乐器，王弼本为"誇"，即"夸"，强盗的头子。

**释**

假如我稍微有一些知识，行走在大路上，只担心走上邪路。大路很平坦，而百姓一般都喜欢走捷径。朝廷非常混乱（需要清除修整），田野荒芜（需要耕作），仓库空虚（需要补足），（侯王们）穿戴却十分华丽，还佩带着锋利的刀剑，奢侈的饮食已经餍足，金银财宝多得富足有余，他们实际是强盗的头子。他们的行为完全不符合道。

## 第五十四章　以身观身

**原文**

善建者不拔，善抱者不脱，子孙以祭祀不辍①。修之于身，其德乃真；修之于家，其德乃余；修之于乡，其德乃长；修之于邦②，其德乃丰；修之于天下，其德乃普。故以身观身，以家观家，以乡观乡，以邦观邦，以天下观天下。吾何以知天下然哉？以此。

**注**

①辍（chuò）：停止、断绝。

②"邦"，马王堆甲本为"邦"，乙本为避刘邦的名字，改为"国"。意思是一样的，战国时的国，是诸侯国，是城邦。"天下"相当于今天的国家。

**释**

善于建德的，不会被拔除，善于保持道的，不会失去，建德抱道的子孙的祭祀永不会断绝。拿这个原则来修身，他的德必定是真实纯朴的；拿这个原则来齐家，他的德肯定是充裕的；拿这个原则实施到一个乡,他的德必定是长久的;拿这个原则贯彻到一个诸侯国,他的德必定非常丰富;拿这个原则贯彻到天下(全国),他的德一定非常普遍。所以,只要修好德,可以以自身观察别人,以自己家观察其他人家,以自己乡观察其他乡,以自己诸侯国观察其他各国,以现在的天下观察过去和未来的天下。我怎么会知道天下是这样的呢?是我用了上面说的这个原则。

## 第五十五章　含德之厚

**原文**

含德之厚,比于赤子。毒虫①不螫②,猛兽不据,攫鸟③不搏。骨弱筋柔而握固。未知牝牡之合而朘作④,精之至也。终日号而不嗄⑤,和之至也。知和曰常,知常曰明。益生曰祥⑥,心使气曰强。物壮则老,谓之不道,不道早已。

**注**

① "毒虫",帛书老子篆本和隶本、王弼本均为"蜂虿虺蛇不螫",与下句"猛兽"、"攫鸟"不一致,王弼本注释中为"故毒虫之物无犯",故任继愈本等今本均改为"毒虫",指蜂、蝎、毒蛇

等虫类。

②螫（shì）：同蜇，蜂、蝎子用毒刺扎人或动物。

③攫鸟：鹰之类的鸟。

④"朘"，王弼本为"全"，帛书老子隶本为"朘"，说文肉部说"朘，赤子阴也"，"朘"应是原字，指生殖器。"作"，举起的意思。

⑤嗄（shà）：哭极到没声音。

⑥祥：古时候有吉祥之义，也有妖祥之义，这里指妖孽、灾祸。

**释**

含德深厚的人，好比无知无欲的婴孩。蜂蝎等毒虫不刺他，猛兽不攻击他，恶鸟不抓他。他筋骨虽还柔弱，但小拳头握起来很紧。不懂得男女交合之事，但他的生殖器却常常勃起，这是精气充足的原因。一天到晚哭叫，他的嗓子却不哑，是因为他血气平和所致。知道平和叫作合常道，知道常道叫作清明。过分享受养生叫作灾祸，心欲支配精气叫作逞强。万物到强壮时就开始衰老，强壮称作不合道，不合道必定很快会消亡。

## 第五十六章　为天下贵

**原文**

知者不言，言者不知。塞其兑，闭其门，挫其锐，解其纷，和其光，同其尘，是谓玄同①。故不可得而亲，不可得而疏；不可得而利，不可得而害；不可得而贵，不可得而贱。故为天下贵。

**注**

①玄同：万物大同，实际是指道。

**释**

智者是不乱说话的，好乱说话的不会是智者。堵塞欲望的孔穴，关闭欲望的大门，收敛锋芒，解除纷扰，调和光芒，混同于尘俗，这就叫作和物大同。所以对得道的人，不能跟他亲近，也不能和他疏远；不能让他得利，也不能使他受害；不能让他高贵，也不能使他卑贱。所以这种人是天下最被看重的人。

## 第五十七章　以正治国

**原文**

以正治国①,以奇用兵,以无事取天下。吾何以知其然哉?以此:天下多忌讳②,而民弥贫;民多利器,国家滋③昏;人多伎巧,奇物④滋起;法令滋彰⑤,盗贼多有。故圣人云:我无为而民自化,我好静而民自正,我无事而民自富,我无欲而民自朴。

**注**

①国:马王堆甲本为"邦",乙本为"国"。
②忌讳:禁令,法令。
③滋:产生、更加。
④奇物:奇怪的产品。
⑤彰:严明、严苛。

**释**

依照正道来治理国家,用出奇韬略率兵打仗,用无为来治理天下。我怎么会知道是这样的呢?根据在于:治理国家要是禁令太多,百姓就越贫困;民间的武器多了,国家就会陷入混乱;人们的心计伎俩多了，奇怪的物品就会多起来；法令越是严明严苛，盗贼反而越多。所以，圣贤说：我无为，百姓就自然化育，我喜欢安静不自我表现，百姓自然纯正，我不造事扰民，百姓自然富足，我无私无欲，百姓自然淳朴。

## 第五十八章　光而不燿

**原文**

其政闷闷①，其民淳淳②；其政察察③，其民缺缺④。祸兮福之所倚，福兮祸之所伏。孰知其极⑤？其无正⑥也。正复为奇，善复为妖。人之迷，其日固久。是以圣人方而不割⑦，廉而不刿⑧，直而不肆，光而不燿⑨。

**注**

①闷闷：不是今天心情不好苦闷的意思，是宽大、清明的意思。

②淳淳：淳朴、忠厚。

③察察：严明、严酷。

④缺缺：抱怨、疏远。

⑤极：终极、最后。

⑥正：确定。

⑦割：割伤。

⑧刿（guì）：伤。

⑨燿：同耀。

**释**

国家的政治政策宽松，百姓就淳朴忠厚；国家的政治政策严酷，百姓就抱怨而疏离。灾祸里面隐藏着福运，幸福里面潜伏着灾祸。谁能知道最后的结果？根本就没法确定。正可能变为奇，善还可能变为妖孽。人们的迷惑，由来已久。因此，圣贤虽然方正但不伤人，清廉却不害人，刚直而不放肆，光明磊落却不耀眼。

## 第五十九章　深根固柢

**原文**

治人、事天，莫若啬①。夫为啬，是谓早服②；早服谓之重积德；重积德则无不克；无不克则莫知其极；莫知其极，可以有国；有国之母，可以长久；是谓深根固柢，长生久视之道。

**注**

①啬：吝啬。

②"早服"，帛书老子隶本为"是以"，王弼本为"是谓"，"早服"，是早做准备、早服从道的意思。

**释**

统治人，侍奉天，最好的方法好不过吝啬精神和智慧。因为吝啬，才能早服从于道；早服从于道，就会厚积德；厚积德就没有什么不能克服；没有什么不能克服，力量便不可估量；不可估量，就可以治理好国家；有了治国的根本之道就可长治久安，这就叫作根扎得深、柢固得牢，永久生存的根本规律。

## 第六十章　治大国，若烹小鲜

**原文**

治大国，若烹小鲜。以道莅①天下，其鬼②不神③；非其鬼不神，其神不伤人；非其神不伤人，圣人亦不伤人。夫两不相伤，故德交归焉。

**注**

①莅：同"蒞"。莅临的意思

②鬼：有说同"夔",为人形的怪兽,似人非人。古代称外国为"鬼方",所以今天也称外国人为"鬼子",这里是其引申义,异常的意思。

③神：这里的神,不是神仙的意思,是发挥作用的意思,神灵、神力的意思。

**释**

治理一个大的国家,跟煎小鱼的道理是一样的(不要多翻动)。用道来治理天下,即使鬼干扰也发挥不了作用;不是鬼不神灵,而是它起的作用不会伤害人,也不是鬼的作用不伤害人,是因为圣贤也不伤害人。这样非常情况与正常情况两不伤害,所以就一起归化于道德了。

## 第六十一章 大者宜为下

**原文**

大国①者下流,天下之牝,天下之交②也。牝常以静胜牡,以静为下。故大国以下小国，则取小国；小国以下大国，则取大国。故或下以取，或下而取。大国不过欲兼畜人，小国不过欲入事人。夫两者各得其所欲，大者宜为下。

**注**

① "国"，马王堆甲本为"邦"，相通。
② 交：会集、交聚。

**释**

对于小国，大国应该像江海对于百川那样自居下游，表现出雌的柔弱，成为天下交聚的地方。

雌性动物常常以安静战胜雄性动物，就是因为它安静而居下。所以大国对小国谦下，就能取得小国的依附；小国对大国谦下，就能取得大国的保护。所以，一个以谦下取得小国的依附，一个以谦下取得大国的保护。大国不过是想通过保护统领小国，小国不过是想通过依附侍奉大国。那么大国小国各如所愿，大国应该主动谦下。

## 第六十二章　善人之宝

**原文**

道者万物之奥①。善人之宝，不善人之所保。美言可以市②尊，美行可以加人③。人之不善，何弃之有？故立天子，置三公④，虽有拱璧⑤以先驷马⑥，不如坐进此道。古之所以贵此道者何？不曰：求以得，有罪以免邪？故为天下贵。

**注**

①奥：古义为隐蔽、机密、深的意思。一指房屋中的东南角为"奥"，是隐蔽机密的地方。另与今义同，深奥。

②市：换取、收买。

③加人：凌驾他人之上。

④置三公：设置三个最高的官职。

⑤拱璧：圆形中间带圆孔的玉。

⑥驷马：四匹马驾的车。

**释**

道是深藏万物机密的地方。是善良人的法宝，不善人也持守它。漂亮的言辞可以换取别人的尊崇,漂亮的行为能够凌驾别人之上。即使人做出不善的行为,道怎么会抛弃他呢?所以天子继位举行仪式的时候,设置三个最高的官职,虽然赠珍贵的玉在先,随后是四匹马驾的坐车,还不如不搞这些,单把道作为礼品赠送。古时候为什么对道这么尊重呢?不是说:有求就能得到道,有罪就可以避免吗?所以道被天下这么尊重。

## 第六十三章　多易必多难

### 原文

为无为,事无事,味无味。大小多少,报怨以德。图难于其易,为大于其细。天下难事,必作于易,天下大事,必作于细。是以圣人终不为大,故能成其大。夫轻诺[①]必寡信,多易必多难。是以圣人犹难之,故终无难矣。

### 注

①诺:承诺、允诺。

### 释

把无为作为作为的根本,以无事作为行事的原则,拿恬淡作为施政姿态。不在乎别人对自己的恩怨多少，人家跟我结怨我报以德。解决困难，从容易的地方入手，做大事，从细微处开始。天下的难事，必定从容易开始，天下的大事，必定从细微开始。因此，圣贤做事总不从大处着手，所以能做成大事。轻易随意的允诺必定少诚信，把事情看得有多容易，就会遇到多大的困难，因此，连圣贤都不敢轻视困难，所以他始终不会遇到困难。

## 第六十四章　为之于未有

### 原文

其安易持①，其未兆易谋。其脆易泮②，其微易散。为之于未有，治之于未乱。合抱之木，生于毫末；九层之台，起于累③土；千里之行，始于足下。为者败之，执者失之，是以圣人无为故无败，无执故无失。民之从事，常于几成而败之。慎终如始，则无败事。是以圣人欲不欲，不贵难得之货。学不学，复众人之所过，以辅万物之自然，而不敢为。

### 注

①持：保持、把持、把握。
②泮：散、解。

③累：堆积。

**释**

安定的时候，一切都容易把握，事物没有变化征兆的情况下，容易谋划。事物脆弱的时候，容易分解，事物微小的时候，容易散失。所以要在事物发生变故之前把事情处理好，在事物还未发生混乱之前治理好。合抱粗的大树，成长于细小的萌芽；九层的高台，开始于一筐土一筐土的堆积；千里之遥的行程，起于脚下一步一步的行走。谁要有为而作，谁就必定失败，谁要刻意把持，谁就必定丧失，所以，圣贤无为而治，就不会有失败，也无意把持，就不会有丧失。百姓做事，常常在几乎成功时失败，假如在结束的时候也像开始的时候那样谨慎，就不会把事情办坏。因此，圣贤的欲望就是没有欲望，不看重珍贵的物品，他的学问就是不为人而学，不重复众人已有的过失，辅助万物顺其自然发展而不敢有所作为。

## 第六十五章　善为道者

**原文**

古之善为道者，非以明民，将以愚之。民之难治，以其智多。故以智治国，国之贼①；不以智治国，国之福。知此两者亦稽②式。常知稽式，是谓玄德。玄德深矣，远矣，与物反矣，然后乃至大顺③。

**注**

①贼：灾祸、伤害。
②稽式：法则、标准。
③大顺：与道的原则完全一致。

**释**

古时候善于用道治国的人，不是用道使百姓聪明机巧，而是用道教人忠厚老实。百姓所以难统治，是因为他们心智太多。所以，用智慧心计来治国，是国家的灾祸；不用智慧心计治国，是国家的福气。知道这两种方式的差别是一种法则，长久地铭记并始终贯彻这个法则，可以称为玄妙高尚之德。玄德深奥、久远啊，与万物的世俗往往相反啊，然而依道而行终可以顺合自然。

## 第六十六章　以其善下之

**原文**

江海之所以能为百谷王者，以其善下之，故能为百谷王。是以圣人欲上民①，必以言下之；欲先民，必以身后之。是以圣人处上而民不重②，处前而民不害③。是以天下乐推而不厌。以其不争，故天下莫能与之争。

**注**

①此句王弼本、任继愈本为"是以欲上民"，没有"圣人"二字，帛书老子篆本和隶本都有"圣人"二字。

②重：负担、压迫。

③害：妨碍、损害。

**释**

江海之所以能成为百川溪谷之王，是因为它甘于处在百川溪谷的下游，所以能做众多小河小溪的领袖。因此，圣贤要是想统治人民，必定先用言辞对百姓表示谦下；要想居民众之前，必定谦虚地身居民众之后。因此，圣贤在民众之上统治他们，民众并没有压迫之感。就是处在民众之前,民众也没有受损害的感觉。因此,天下的百姓乐意推崇他而不厌弃。是因为他不跟人争什么,所以天下没有人敢与他争高低。

## 第六十七章　我有三宝

**原文**

天下皆谓我道大,似不肖。夫唯大,故似不肖。若肖,久矣其细也夫!我有三宝,持而保之。一曰慈①,二曰俭②,三曰不敢为天下先。慈故能勇,俭故能广,不敢为天下先,故能成器长。今舍慈且勇,舍俭且广,舍后且先,死矣!夫慈,以战则胜,以守则固。天将救之,以慈卫之。

**注**

①慈:宽容,爱。
②俭:节俭、爱惜。

**释**

天下都说我的道广大无比,却又不像任何具体的事物。正因为它广大无比,所以没有东西可与它比拟。假若道像某一样事物，它早就渺小得不值一说了！我有三种法宝，我掌握而保护着它。第一是"慈爱"，第二是"节俭"，第三是"不敢自居于天下人之先"。因为慈爱，所以能勇敢；因为节俭，所以能宽广；因为不敢自居天下人之先，所以能做万物的首领。如今有人舍弃慈爱，只求勇敢；舍弃节俭，只求宽广；舍弃甘居人之后，只求居人之先；那就死定了！慈爱，用于战争就能打胜仗，用于防守就能稳固阵地。天要想拯救谁，就用慈爱来保卫谁。

## 第六十八章　不争之德

### 原文

善为士①者不武，善战者不怒，善胜敌者不与，善用人者为之下。是谓不争之德，是谓用人之力②，是谓配天，古之极③。

### 注

①士：武士，古代文的武的都叫"士"。王弼注："士，卒之帅也。"

②用人之力：古代的成语，意为借别人的力求自己的胜利。

③极：标准、准则。

**释**

善于做将帅的不逞显勇武,善于指挥作战的不轻易发怒,善于克敌制胜的不跟敌人交手,善于用人的对下谦虚。这叫作不争的德,这叫作借力打力,这叫作与天道配合,这是自古以来的准则。

## 第六十九章　哀者必胜

**原文**

用兵有言:"吾不敢为主①,而为客②;不敢进寸,而退尺。"是谓行无行③;攘④无臂,扔⑤无敌,执无兵。祸莫大于轻敌,轻敌几丧吾宝⑥。故抗⑦兵相加⑧,哀者胜矣。

**注**

①主:主动进攻,趋于攻势。

②客:被动防守,趋于守势。

③行(háng):行列、摆阵。

④攘:举起。

⑤扔:对抗,交手。

⑥宝：同六十七章的"三宝"（慈、俭、不敢为天下先）。
⑦抗：对抗、交战双方。
⑧加：马王堆甲、乙本为"若"，可能是"如"的误写。

**释**

用兵有名言："我不敢主动发起进攻，而只能防守应战；不敢推进一寸，而宁愿后退一尺。"这就叫作：虽有行列，可没阵势可摆；虽有臂膀，想举臂时却像没臂膀；想交手时，却没有对抗的敌人；想拿武器时，却没有兵器可拿。灾祸大不过轻敌，轻敌接近于丧失我的"三宝"，所以举兵交战的双方兵力相当时，悲愤的一方必胜。

## 第七十章　知我者希

**原文**

吾言甚易知，甚易行。天下莫能知，莫能行。言有宗①，事有君。夫唯无知，是以不我知。知我者希，则我者贵。是以圣人被褐②而怀玉。

**注**

①宗：本，本源的意思。

②褐：粗布衣服，古代贫苦人穿的衣服。

**释**

我的言论很容易理解，也很容易实行。但天下竟没有人能理解，也没有人实行。我的言论是有本源的，做事也是有主从的。因为人们不理解我的言论和行事，所以也就不了解我。能理解我的人稀少，那我的言论就更珍贵。所以圣贤身上表面穿着粗布衣服，内里却藏着美玉。

## 第七十一章　知不知上

**原文**

知不知，上①，不知知，病。夫唯病病，是以不病。圣人不病，以其病病，是以不病。

**注**

①马王堆甲本为"知不知，尚矣，不知不知，病矣"。"知"

是动词,"不知"是"知"的宾语。第二句,前面的"不知"的"知"是动词,后一个"知"是前面"不知"的宾语。帛书老子篆本为"不知不知",王弼本为"不知知,病"。

**释**

知道自己无所知,这是最明智的,不知道自己无知,这是不明智是毛病。能把这种不明智当作毛病,所以就不会有这种缺点。圣贤之所以没有这种缺点,因为他把这种不明智当作毛病,所以他没有这个缺点。

## 第七十二章　民不畏威

**原文**

民不畏威,则大威至。无狎①其所居,无厌②其所生。夫唯不厌,是以不厌。是以圣人自知不自见,自爱不自贵。故去彼取此。

**注**

①狎:王弼本按"狭"字注,逼迫、压迫。
②无厌:同压迫。

**释**

百姓到了不怕统治者权威的时候,那么更大的威胁就会来到统治者身边。不要逼迫得百姓无处安居,不要压迫得百姓无法谋生。只有统治者不压榨百姓,百姓才会不感到压迫。所以圣贤有自知之明,不去自我表现,自尊自爱而不自居高贵。所以舍去自见、自贵,而取自知、自爱。

## 第七十三章　天网恢恢

**原文**

勇于敢则杀,勇于不敢则活。此两者,或利或害。天之所恶,孰知其故?天之道,不争而善胜,不言而善应,不召而自来,繟①然而善谋。天网恢恢②,疏而不失。

**注**

①繟(shān):缓慢。
②恢:广大。

**释**

勇敢到不怕一切时,就会遭杀,勇敢到有所不敢的程度,就能活。这两种勇敢,后一种得利,前一种受害。天所以厌恶(勇于敢的人),谁知道它的缘故?天的道,不争强好胜而善于获胜,不多言而善于回应,不召唤而万物自动来到,慎重而善于谋划。天网广大无比,网孔虽然稀疏,但从来没有一点漏失。

## 第七十四章　民不畏死

**原文**

民不畏死,奈何以死惧之?若使民常畏死,而为奇①者,吾得执而杀之,孰敢?常有司杀者杀。夫代司杀者杀,是谓代大匠斫,夫代大匠斫者,希有不伤其手矣。

**注**

①奇:邪,"为奇者",即做坏事。

**释**

百姓到了不怕死反抗的时候,用死来威胁他们还有什么用呢？假如百姓果真怕死，发现做坏事的人，我立即抓起来杀掉，谁还敢再做坏事？（犯罪的人）一直有专门管杀人的去杀，取代专管杀人者去杀人，如同没有手艺的人去代替木匠砍木材，（没木匠技术的人）代替木匠砍木头，很少有不砍伤自己手的。

## 第七十五章　贤于贵生

**原文**

民之饥①，以其上食税之多，是以饥。民之难治，以其上之有为，是以难治。民之轻死，以其上求生之厚，是以轻②死。夫唯无以生为者，是贤于贵生。

**注**

①饥：饥荒。
②轻：轻视，不看重。

**释**

百姓之所以遭受饥荒，是由于统治者的租税太重，所以才陷入饥荒。百姓之所以难以管理，是由于统治者有为胡作，所以才难以管理。百姓之所以轻视生命，是由于统治者只顾自己奢侈享受,所以(百姓)才轻视生命。不看重保养生命的人,比看重保养生命的人高明。

## 第七十六章　柔弱处上

**原文**

人之生也柔弱,其死也坚强。草木之生也柔脆,其死也枯槁。故坚强者死之徒,柔弱者生之徒。是以兵强则灭,木强则折。强大处下,柔弱处上。

**释**

人活着的时候,身体是柔软的,人死之后身体就变得僵硬。万物草木活着时枝干是柔软的,它们死了之后都枯槁脆硬。所以,坚强的东西属于死亡一类,柔弱的东西属于存活一类。因此,军队强大了反而会被消灭,树木强大了必将被摧折。坚强应该居下,柔弱应该居上。

# 第七十七章　天道人道

**原文**

天之道，其犹张弓欤？高者抑之，下者举之，有余者损之，不足者补之。天之道，损有余而补不足。人之道，则不然，损不足以奉有余。孰能有余以奉天下，唯有道者。是以圣人为而不恃，功成而不处，其不欲见①贤。

**注**

①见（xiàn）：表现。

**释**

天道的功用，不是就如射箭拉弓吗？举高了就把它压低一点，举低了就把它抬高一点，拉得过满了就减一点力，拉得不满就再加一点力。天道的功用，就是减有余而补不足。人的道，却不是这样，是减少不足的，反过来供给奉养有余的。谁能拿有余的来供养全国？只有持道的人。因此，圣贤养育了万物却不自以为有能力，成就了万物而不居功，不愿意表现自己的贤德。

## 第七十八章　正言若反

**原文**

天下莫柔弱于水，而攻坚强者莫之能胜，以其无以易①之。弱之胜强，柔之胜刚，天下莫不知，莫能行。是以圣人云：受国之垢②，是谓社稷主；受国不祥，是为天下王。正言若反。

**注**

①易：替代。马王堆甲、乙本为"（以）其无以易之"，王弼本注"无物可以易之"，任继愈本为"其无以易之"，从文义衔接看，还是"以其无以易之"比较顺。

②垢（gòu）：屈辱。

**释**

天下万物中没有比水更柔弱的东西了，而攻坚克强没有能胜过它的，因为没有什么东西能替代水。弱能够胜强，柔能够胜刚，天下没有人不知道这个道理，但没人照着做。因此，圣贤说：能够承受全国的屈辱，才称得国家的君主；能够承受全国的灾殃，才称得天下的君王。正话反说。

## 第七十九章　天道无亲

**原文**

和大怨，必有余怨，安可以为善？是以圣人执左契①，而不责于人。有德司契，无德司彻②。天道无亲，常与善人。

**注**

①左契：相当于现在的合同。古代借债，券契是刻在木板或竹板上的，从中间剖成两半，左边的一半出借方拿着，右边的一半借债人拿着，到期出借人凭左契收债。

②"司契"和"司彻"，都是古代贵族家的管账人。"司契"人只凭契据收付，很客气。"司彻"人是收租剥削，对交租人斤斤计较，毫不客气。

**释**

和解重大的仇怨，就算和解了也会有余怨，这怎么能称得上是善行呢？因此，圣人处世待人就好像拿着左契，而不强迫人家偿还。有德的人待人，拿着左契一样和气，没德的人待人，就像收租一样毫不客气。天道是没有偏私的，永远帮助做善事的人。

## 第八十章　小国寡民

**原文**

小国寡民。使有什伯之器①而不用；使民重②死而不远徙③。虽有舟舆④，无所乘之；虽有甲兵，无所陈之。使民复结绳而用之。甘其食，美其服，安其居，乐其俗。邻国相望，鸡犬之声相闻，民至老死不相往来。

**注**

①什伯之器：器具的意思，但从上文看，还是有武器的意思。
②重：看重、重视。
③徙：搬家，迁移。
④舆：车子。

**释**

小的诸侯国国土很小，人口很少。尽管有各种武器，但并不使用；使民众重视生命而不冒着危险向远方迁移。虽然有船和车马，没有地方需要乘坐；虽然有武器和军队，没有机会去摆阵。使百姓回到用结绳记事的原生态生活吃得香甜，穿得漂亮，住得安适,快乐地生活在习俗中。邻国之间举目看得见,鸡鸣狗叫互相听得见,百姓直到老死不相往来。

## 第八十一章　为而不争

**原文**

信言不美,美言不信。善者不辩,辩者不善。知者不博①,博者不知。圣人不积②,既以为人己愈有,既以与人己愈多。天之道,利而不害;圣人之道,为而不争。

**注**

①博:懂得很多。
②积:保留、积蓄。

**释**

真话实话不悦耳,漂亮的话不真实。善良的人不巧言诡辩,能言诡辩的人不善良。智者不显示自己懂得很多,知识广博的人未必是智者。圣贤不保留,倾其全力帮助别人,自己反而很充足,一切都给了别人,自己反而很富有。天的道,只有利于万物而不害它们;圣贤之道,只是奉献而不争名逐利。

**图书在版编目（CIP）数据**

道无道 花非花 / 黄国荣著.－－重庆：
重庆出版社，2015.9
ISBN 978-7-229-09197-2

Ⅰ.①道… Ⅱ.①黄… Ⅲ.①道家②《道德经》－研究
Ⅳ.①B223.15

中国版本图书馆CIP数据核字（2014）第307395号

**道无道 花非花**
DAOWUDAO HUAFEIHUA

黄国荣 著

出 版 人：罗小卫
策　　划：华章同人
出版监制：陈建军
责任编辑：徐宪江
营销编辑：王丽红
责任印制：杨　宁
封面设计：周伟伟

重庆出版集团
重庆出版社 出版

（重庆市南岸区南滨路162号1幢）

投稿邮箱：bjhztr@vip.163.com
北京盛源印刷有限公司 印刷
重庆出版集团图书发行有限公司 发行
邮购电话：010-85869375/76/77转810

重庆出版社天猫旗舰店
cqcbs.tmall.com

全国新华书店经销

开本：880mm×1230mm　1/32　印张：9.75　字数：180千
2015年9月第1版　2015年9月第1次印刷
定价：45.00元

如有印装质量问题，请致电023-61520678

**版权所有，侵权必究**